Klaus Vogel

DaZ-Kinder im Unterricht – was tun?

Praktische Planungshilfen zur Sprachförderung

PERSEN

Der Autor

Klaus Vogel, Seminarrektor, Volksschullehrer und Lehrer in Übergangsklassen für Migranten, Fachbetreuer für Deutsch als Zweitsprache und interkulturelle Erziehung, war als Seminarleiter für Grund- bzw. Hauptschulreferendare u. a. zuständig für die Ausbildung im Erweiterungsfach Deutsch als Zweitsprache in Mittelfranken (Bayern).

Gedruckt auf umweltbewusst gefertigtem, chlorfrei gebleichtem und alterungsbeständigem Papier.

1. Auflage 2017

Coverfoto: © drubig-photo – Fotolia
Grafik: Katharina Reichert-Scarborough sowie Barbara Gerth (S. 42, 43, 44, 64, 69, 70, 73)
Satz: Satzpunkt Ursula Ewert GmbH, Bayreuth

ISBN: 978-3-403-20114-4

www.persen.de

Inhalt

Vorwort

In der öffentlichen Diskussion hört man häufig die Forderung, dass Geflüchtete und andere Migranten[1] schnell Deutsch lernen sollen, um sich problemlos in unsere Gesellschaft und den Arbeitsprozess integrieren zu können. Wie viele Biographien von Menschen mit Migrationshintergrund zeigen, ist eine erfolgreiche Integration jedoch nicht nur an die sprachliche Kompetenz gebunden, sondern setzt auch eine generelle Teilhabe an Bildung, Ausbildung und sozialem Miteinander voraus. Zweifellos kommt der Schule als Lebens- und Lernort hier eine ganz besondere Bedeutung zu. Doch leider werden die Strukturen des deutschen Bildungssystems den aktuellen Anforderungen stark heterogener Klassen nur sehr begrenzt gerecht. Gleichzeitig bringt der gesellschaftliche Wandel für alle Lehrkräfte, nicht nur für Deutschlehrer, Herausforderungen mit sich, die von vielen Kollegen noch zu wenig beachtet werden. Jede Lehrkraft kann durch ihr Handeln und ihr berufliches Selbstverständnis entscheidend dazu beitragen, dass auch Schüler mit Migrationshintergrund im deutschen Schulsystem erfolgreich sind.

Sprachbewusstes Unterrichten ist daher eine Aufgabe, der sich Lehrkräfte sämtlicher Fächer stellen müssen. Dies beginnt bei der Gesprächsführung im Klassenraum. Eine sprachbewusst unterrichtende Lehrkraft ist stets darum bemüht, die Potentiale der einzelnen Schüler zu erkennen, zu fördern und weiterzuentwickeln. Doch wie genau orientieren sich Lehrer an den sprachlichen Möglichkeiten ihrer Schüler? Wie können entsprechende Brücken geschaffen werden, um DaZ-Schüler im Unterricht so zu motivieren, dass sie ihre Möglichkeiten in der Zweitsprache Deutsch erproben? Der vorliegende Ratgeber bietet mit seinen fachwissenschaftlichen, didaktischen und methodischen Informationen und den praktischen Arbeitsblättern vielfältige Anregungen, wie der Unterricht sprachfördernd gestaltet werden kann.
In sieben Themenkomplexen werden detaillierte Orientierungs- und Planungshilfen geboten.

Die aufgeführten Reflexionen und Vorschläge basieren auf meiner jahrzehntelangen Arbeit als Lehrkraft, Fachberater für Deutsch als Zweitsprache und interkulturelle Erziehung und als Ausbilder für Referendare in diesem Bereich. Als Lehrer sollte man sich bei aller Kompetenz stets auch der Tatsache bewusst sein, dass man bei allem Bemühen nur immer wieder seinen nächsten Irrtum vorbereitet. Doch gilt es auch, sich den Optimismus zu bewahren, ohne den der Lehrerberuf nicht zu denken ist. Oder, mit Erich Kästner gesprochen:

Es gibt nichts Gutes, außer man tut es.

[1] Aus Gründen der besseren Lesbarkeit sprechen wir im gesamten Titel von Migranten (Schülern, Lehrern etc.) in der verallgemeinerten Form. Selbstverständlich sind auch alle Migrantinnen (Schülerinnen, Lehrerinnen etc.) gemeint.

I Einführung

Übernimmt eine Lehrkraft eine Jahrgangsstufe oder Fächer, die sie bisher noch nicht unterrichtet hat, so macht sie sich zur Entwicklung eines Arbeitsplans mit den entsprechenden Lehrplänen, Schulbüchern, Arbeitshilfen, didaktischen Handreichungen usw. vertraut. Viele Materialien setzen jedoch eine relativ homogene Schülerschaft voraus. Stark heterogene Klassengemeinschaften stellen viele „altgediente" Lehrkräfte ebenso wie Berufsanfänger vor Herausforderungen, denen sie sich wenig gewachsen fühlen. Die praktischen Planungshilfen zur Sprachförderung sollen Lehrkräfte dabei unterstützen, sowohl ihr berufliches Selbstverständnis und den Blick auf ihre Schüler als auch ihr unterrichtliches Handeln den Herausforderungen der Zeit anzupassen. Individuelle Wege und Maßnahmen zur Verbesserung des eigenen pädagogischen Wirkens stehen dabei im Vordergrund.

Um einen ganzheitlichen Ansatz zu gewährleisten, werden die Faktoren Lehrkraft, Schüler und Unterrichtsgegenstand jeweils gesondert in ihrer Komplexität und Bedeutung für die Wirksamkeit von Erziehung und Unterricht beleuchtet. Hieraus ergeben sich folgende Leitfragen:

- Welche besonderen persönlichen Faktoren belasten mich als Lehrkraft? Wie gehe ich mit den Herausforderungen um, die sich mir stellen? Wie kann ich meine Berufszufriedenheit positiv beeinflussen? *(siehe Kapitel II)*

- Welche Schüler bedürfen besonderer Ermutigung, Hilfen und Unterstützung? Wie kann ich ein differenziertes Bild zur Sprach- und Lernbiographie jedes einzelnen Schülers entwickeln? *(siehe Kapitel III)*

- Welche sprachlichen Besonderheiten weist das Deutsche auf und welche Möglichkeiten gibt es, die phonologische Bewusstheit von Zweitsprachlernern und ihre phonetische Kompetenz zu fördern? *(siehe Kapitel IV)*

- Welche Möglichkeiten bietet der Unterricht, dass die Schüler ihre Bildungssprache sowie ihren (Fach-)Wortschatz in der deutschen Sprache nachhaltig erweitern können? Welche methodischen Möglichkeiten sind sinnvoll und zielführend? *(siehe Kapitel V und VI)*

- Wie kann der Satzbau am Unterrichtsgegenstand konkret geübt und welche Textsortenkompetenzen können erworben, vertieft und exemplarisch weiterentwickelt werden? *(siehe Kapitel VII und VIII)*

Als Hilfe für die tägliche Arbeit ist es keinesfalls erforderlich, alle sieben Themenkomplexe in der hier vorgestellten Reihenfolge „abzuarbeiten". Es empfiehlt sich eher, mit den Leitfragen zu beginnen, die Sie im aktuellen Unterrichtsgeschehen am stärksten beschäftigen.

II Zum Selbstverständnis der Lehrkraft

2.1 Lehrergesundheit

Immer wieder wird in den Medien von den diversen und besonderen Herausforderungen und Belastungen im Lehrerberuf berichtet und davon, dass jeder dritte Lehrer im Laufe seines Berufslebens mit gesundheitlichen Problemen zu kämpfen hat. Diese reichen von physischer und emotionaler Erschöpfung über die Entwicklung einer unpersönlichen Routine im Umgang mit den Schülern bis hin zu Perspektivlosigkeit und Sinnverlust für das eigene Tun und Leben. Landläufig werden diese Symptome im Begriff „Burnout“ zusammengefasst. Doch ist eine solche Entwicklung im Berufsalltag nicht zwingend. Jede Lehrkraft kann sich trotz widriger Umstände ihrer Ressourcen bewusst werden und Maßnahmen zum Erhalt der eigenen geistigen, physischen und psychischen Gesundheit ergreifen.

Viele Menschen glauben allerdings, dass nur gnadenlose Selbstkritik sie auf Kurs bringt und hält. Sie schlagen sich ans Kreuz, anstatt sich in den Arm zu nehmen. Andere verwechseln Selbstmitgefühl mit Selbstmitleid, das eine Opferrolle stilisiert und der Verzweiflung Vorschub leistet. Hilfreicher ist es, Achtsamkeit zu entwickeln. Dazu gehört es, auch die eigenen Gefühle in den unterschiedlichen Situationen zu spüren und sich bewusst zu machen.
So haben wir im Laufe unseres Lebens in vielfältiger Weise gelernt, eigene und fremde Emotionen wahrzunehmen und auf sie zu reagieren. Gefühle beeinflussen unsere Entscheidungen und unser Handeln in weit größerem Maße, als wir es uns meist zugestehen. Doch nur indem wir unsere Gefühle wahrnehmen, können wir Mitgefühl und auch Selbstmitgefühl entwickeln. Wenn es im Leben nicht rund läuft, sollte man sich daher nicht noch selbst im Stich lassen und sich mit übertriebener Selbstkritik in eine Negativspirale begeben. Auch das punktuelle Scheitern gehört zum Leben.

Der Umgang mit dem eigenen Körper spielt für die Gesundheit eine ganz wesentliche Rolle. Selbstverständlich sollten hierbei sein: gesunde Ernährung, genügend Schlaf, ausreichende Bewegung, eine angemessene Rhythmisierung der Abläufe sowie ein sinnvoller Wechsel zwischen Phasen der Anspannung und Phasen der Entspannung. Es sollte auch selbstverständlich sein, dass hier jeder Mensch herausfindet, was ihm persönlich gut tut. Ist es aber oft nicht. Mancher Zeitgenosse ist sich selbst der Unbekannteste. Er ist es häufig deshalb, weil sein Denken und Fühlen hauptsächlich durch das Urteil anderer bestimmt wird. Um langfristig ein Selbstmitgefühl zu entwickeln, welches sowohl Körper und Geist „befreundet“, können Meditation, die Lektüre, das Aufschreiben von Gedanken und die kritische Reflexion der eigenen Selbstverständlichkeiten im sozialen und kommunikativen Kontext einen wichtigen Beitrag leisten. Die physische und psychische Gesundheit der Lehrkraft ist die Basis für erfolgreichen Unterricht und somit auch für die allgemeine Berufszufriedenheit. Diese Verantwortung ist von jeder Lehrkraft persönlich zu tragen. Dazu gehört auch, dass sie sich die besonderen Aufgaben einzelner Klassengemeinschaften bewusst macht und Herausforderungen, welche starke Heterogenität im Klassenraum mit sich bringt, aktiv angeht.

2.2 Vielfalt ist Bereicherung

Blickt man auf die letzten Jahrhunderte in Europa, wird deutlich, dass Migration schon immer ein fester Bestandteil der Geschichte war und auch sicherlich weiterhin sein wird. Jeder von uns, der seine Familiengeschichte erforscht, wird an irgendeinem Punkt auf Migranten treffen – sei dies auf nationaler oder internationaler Ebene. Die Ursachen für Migration sind vielfältig: Abenteuerlust, Umsiedlungen, religiöse oder wirtschaftliche Gründe, Krieg, Vertreibung usw. Die Anzahl der Migranten ist zu verschiedenen Zeitpunkten ebenso unterschiedlich wie der Umgang mit ihnen auf politischer und sozialer Ebene. Dass auch in der heutigen Migrationspolitik viele Fehler gemacht werden, ist zu beklagen. Um längerfristig ein menschenwürdiges Miteinander und eine erfolgreiche Integration der Migranten in Europa zu ermöglichen, bedarf es vielfältiger Veränderungen und Entwicklungen in den gesellschaftlichen Institutionen und vor allem in den Köpfen der Menschen, der „Einheimischen" wie der „Zugereisten".

Der Institution Schule mit ihren Lehrkräften und Strukturen kommt hier eine besondere Rolle zu. Jede im Bildungsbereich tätige Person kann durch ihr Tun einen wesentlichen Beitrag zu einem menschlichen Umgang leisten, trotz politischer Trägheit und eventueller Fehlentscheidungen. In diesem Sinne ist das Handeln von Lehrkräften ein politisches Handeln, indem es auf das konkrete Miteinander von Menschen wirkt. Wie eine Lehrkraft die neuen Schüler im Unterricht an- und aufnimmt und wie sie ihnen begegnet, hat Auswirkungen auf alle Schüler – mit und ohne Migrationshintergrund. Hier das richtige Maß zu finden, erfordert Sensibilität, die durch einen offenen Umgang mit den Gegebenheiten gewonnen und entwickelt werden kann. Die pädagogische Verantwortung sollte dabei allen Schülern in gleicher Weise entgegengebracht werden. Nicht selten führen allerdings individuelle lebensgeschichtliche Erfahrungen der Lehrer (und einzelner Schüler) zu Unsicherheiten und Ängsten. Sie gilt es ernst zu nehmen und zu reflektieren, um die individuellen Fähigkeiten zu einer achtsamen und empathischen Haltung zu erweitern.

Lehrkräfte sind es durch ihre Ausbildung gewohnt, die sachlichen Gegebenheiten, die pädagogischen Notwendigkeiten, die Schüler und ihre Bedürfnisse in den Vordergrund zu stellen.
Die eigene Person und persönlichen Bedürfnisse geraten dabei oft in den Hintergrund.
Doch Ängste, Sorgen und Befürchtungen angesichts neuer Herausforderungen sind selbstverständlich. Wer sie leugnet oder ignoriert, entfernt sich mitunter von seinem eigenen Denken und Fühlen. Durch das Schreiben für sich und über sich kann jeder die Vielfalt seiner Person erkunden. Man kann unterschiedliche Perspektiven einnehmen, innere Diskussionen führen und so sein „Selbstverständnis" bereichern und vertiefen. Spontane (Ich-)Aussagen können helfen, sich selbst (wieder) zu nähern. Die folgenden Bögen sollen Sie bei der Reflexion zum Thema „Selbst- und Fremdverständnis" unterstützen. Beim Ausfüllen sollten Sie Folgendes beachten:

- Notieren Sie möglichst spontan Gefühle und Gedanken, die Ihnen beim Lesen der Schreibimpulse kommen.
- Beginnen Sie mit der Aufgabe, die Sie am intensivsten bewegt.
- Wenn Ihr Schreibfluss versiegt, wählen Sie eine weitere Aufgabe oder denken Sie über Ihr spontan Geschriebenes nach. Sie müssen nicht urteilen oder werten. Gedanken und Gefühle sind keine Taten.
- Es handelt sich hier lediglich um eine Auswahl von möglichen Denkanlässen. Wenn Ihnen andere Reflexionsthemen wichtiger sind, überspringen Sie die folgenden Bögen.

2.3 *Reflexionsbögen* „Selbst- und Fremdwahrnehmung“

Dem eigenen Denken auf der Spur

A) Denke ich an die Forderung vieler Politiker, Schülern in Deutschland eine gute Schulbildung zu vermitteln, so kommt mir in den Sinn …

B) Denke ich an das gegliederte Schulsystem in Deutschland mit seiner Selektionskultur, so meine ich …

C) Denke ich an die geflüchteten Kinder in meiner Schule, so denke ich …

Die eigene Meinung finden

Wenn ich an die Flüchtlingssituation in Deutschland denke und meine Möglichkeiten als Lehrkraft sehe, dann …

meine ich, ...

befürchte ich, ...

stört mich, ...

erwarte ich, ...

wünsche ich mir, ...

freue ich mich auf ...

bin ich glücklich, wenn ...

Worst-Case und Best-Practice

Stellen Sie sich vor, Sie erleben eine belastende Situation und wissen nicht, wie Sie entscheiden sollen. Ängste und Zweifel drohen Sie handlungsunfähig zu machen.

A) Sperren Sie sich nicht gegen die Ängste, sondern beginnen Sie möglichst spontan, das „Worst-Case-Szenario" aufzuschreiben. Machen Sie, wenn der Schreibfluss versiegt, eine Pause.

B) Nehmen Sie sich im Anschluss Ihr Geschriebenes vor und wandeln Sie es Schritt für Schritt in eine Art „Best-Practice-Beispiel" um.

C) Machen Sie sich abschließend Gedanken über Ihr Denken. Krishnamurti gibt Ihnen hierzu vielleicht einen Reflexionsanstoß:

> *Das Denken ist das Echo des Gedächtnisses, der Erinnerungen, die durch Erfahrung, Wissen, Tradition im Laufe der Zeit aufgestapelt worden sind. Von diesem Hintergrund aus reagieren wir, und diese Reaktion ist das Denken.* (Krishnamurti 2007: 64)

Die eigenen Ressourcen aktivieren

A) Im Laufe Ihres Lebens haben Sie bereits viele schwierige Situationen gemeistert. Welche Situationen sind Ihnen im Gedächtnis geblieben? Notieren Sie zu jeder Situation kurz ein Stichwort.

B) Schreiben Sie anschließend ausführlich auf, wie Sie die jeweilige Situation gemeistert haben, bzw. wie und warum sich Ihre anfänglich düsteren Erwartungen nicht erfüllt haben. Nicht selten gilt ja auch: Glück ist Hilfe!

III Zur Lebens- und Sprachbiographie der Schüler

3.1 Heterogene Schülerschaft

Lehrkräfte haben es – unabhängig von der Schulform, in der sie unterrichten – immer mit einzelnen Schülern und ihren individuellen Lebens- und Lernbiographien zu tun. Dass diese Biographien häufig das Thema Migration beinhalten, ist nicht allen Lehrkräften durchgehend bewusst. Doch hängen Motivation und Lernbereitschaft oftmals auch von Faktoren ab, die im Unterrichtsgeschehen nicht sichtbar werden: bspw. vom jeweiligen Aufenthaltsberechtigungsstatus der Familie oder von deren Bereitschaft und Möglichkeit zu bleiben, weiterzuziehen oder ins Herkunftsland zurückzukehren. Ein Blick auf die Migrationsbewegungen der vergangenen Jahrzehnte kann hier auch für die Betrachtung und Beurteilung einzelner Schüler zu einem differenzierteren Bild führen.

So unterscheidet das „Bundesamt für Migration und Flüchtlinge“ für die Bundesrepublik Deutschland im jährlichen Migrationsbericht (vgl. BAMF: „Migrationsberichte“) vier verschiedene Zuwanderungswege, wobei für jede Gruppe unterschiedliche gesetzliche Regeln und Wanderungsmotive gelten: 1) Wanderungen im Rahmen der EU-Freizügigkeit, 2) Arbeitsmigration aus sog. „Drittstaaten“, 3) Familiennachzug und 4) Schutzsuchende wie Asylanten und Flüchtlinge. Solche Wanderungen sind keine Neuheit und formen die deutsche Geschichte bereits seit Jahrhunderten. Im 17. Jahrhundert wanderten z. B. hunderttausende Deutsche, von den jeweiligen Landesherren angeworben, nach Siebenbürgen und Russland aus. Nach dem Zweiten Weltkrieg im 20. Jahrhundert kamen wiederum ca. 14 Millionen Deutschstämmige als Flüchtlinge und Heimatvertriebene nach Westen.

In den 1960er-Jahren fehlte es der BRD nach dem Bau der Mauer an Arbeitskräften, sodass ein Anwerbeabkommen für sogenannte „Gastarbeiter“ mit Italien, Spanien, Jugoslawien, der Türkei und anderen Staaten geschlossen wurde. Von den 14 Millionen angeworbenen Arbeitern gingen jedoch ca. 11 Millionen wenige Jahre später wieder zurück in ihre Heimatländer. Viele andere siedelten sich mit ihren Familien langfristig in Deutschland an.

In den 1980er-Jahren stieg die Zahl der Asylbewerber in der BRD rapide an. Es handelte sich häufig um Bürgerkriegsflüchtlinge aus dem zerfallenden Jugoslawien sowie Roma aus Rumänien und Bulgarien. Nach einer Grundgesetzänderung in den 90er-Jahren, welche die Verschärfung des Asylrechts mit „Drittstaatenregelung“ und „sicheren Herkunftsstaaten“ zur Folge hatte, sank die Zahl der Asylsuchenden erneut. Der Bürgerkrieg in Syrien, der Irak- und Afghanistankrieg sowie Not und Verfolgung in anderen Regionen der Welt ließen die Zahl der Geflüchteten und Asylsuchenden in den letzten Jahren wieder stark anwachsen. So waren nach Information des UN-Flüchtlingskommissariats Ende 2015 ca. 65,3 Millionen Menschen weltweit auf der Flucht. Dies ist die höchste Zahl, die vom UNHCR je verzeichnet wurde. 50 % der Flüchtlinge weltweit sind Kinder.

Hinzu kommt eine steigende Zuwanderung von Arbeitskräften, was zum einen durch das wirtschaftliche Ungleichgewicht innerhalb der EU, zum anderen durch die zunehmende Globalisierung befördert wird. Der Migrationsbericht 2014 (vgl. BAMF: „Migrationsberichte“) weist mehr als 1,46 Millionen Personen aus, die nach Deutschland zugezogen sind; mehr als

914.000 Personen sind dagegen 2014 ausgewandert. Damit ergab sich für dieses Jahr ein „Wanderungsgewinn“ von ca. 550.000 Personen. Von den Zugezogenen kamen 2014 ca. 880.000 Menschen aus der EU nach Deutschland, 200.000 aus weiteren europäischen Ländern. „Im Jahr 2015 wurden 2,14 Millionen Zuzüge registriert – darunter viele Schutzsuchende, aber auch viele Unionsbürger aus anderen EU-Staaten sowie Deutsche. Dies entspricht einem Zuwachs von 45,9 % im Vergleich zum Jahr 2014 und stellt die höchste Zahl seit dem Beginn der Aufzeichnung der Statistik im Jahr 1950 dar. [...] Gleichzeitig stieg aber auch die Zahl der Fortzüge insgesamt im Vergleich zum Vorjahr um 9,1 % auf 998.000, ebenfalls der bislang höchste registrierte Wert. Dadurch ergab sich im Jahr 2015 ein Wanderungsgewinn von 1.139.000 Menschen.“ (BAMF: „Migrationsbericht 2015“, S. 5)

Für Lehrkräfte heißt dies, dass rein muttersprachliche Klassen zunehmend die Ausnahme sein werden. Mehrsprachigkeit im Unterricht mit Schülern unterschiedlichster Lebens- und Lernbiographien stellen bereits heute in vielen Fällen die Normalität dar.

3.2 Traumatisierte Kinder im Unterricht

Die täglichen Nachrichten über Anschläge, Kriege und Massenfluchten vermitteln medial den Eindruck einer Welt, die in großen Teilen von Terror und Gewalt bestimmt wird. Kinder, Jugendliche und unbeteiligte Zivilisten sind meist die Opfer, deren einziger „Fehler“ es war, sich zur verkehrten Zeit am verkehrten Ort aufzuhalten. Wie sich diese tragischen Schicksale auswirken, erlebt man als Lehrkraft konkret, wenn Flüchtlingskinder Teil der Klassengemeinschaft sind und man versucht, sie in den Unterricht und das Schulgeschehen einzubeziehen. Die Auskunft „(kriegs)traumatisiert“ hilft da wenig weiter. Was ist zu tun? Wie soll man sich als Lehrkraft verhalten? Was ist von den Kindern zu erwarten?

Da jedes traumatisierende Erlebnis unterschiedlich ist und wahrgenommen wird, sind auch die subjektiven Auswirkungen sehr verschieden. Mit Aggression, Wut, Trauerreaktionen, Hyperaktivität, Regression, sozialer Unangepasstheit, Ausblenden und Verdrängen der Erlebnisse, Überangepasstheit sowie vielen weiteren Verhaltensweisen muss gerechnet werden. Es handelt sich um Versuche der jeweiligen Psyche, die traumatischen Erfahrungen zu bewältigen. Entsprechend problematisch ist es daher, Vergleiche zwischen einzelnen Kindern anzustellen. Doch muss nicht jedes Kind Störungen im Verhalten zeigen, auch Resilienz ist möglich. Bei manchen Kindern wiederum wirken die traumatischen Erlebnisse verzögert, Flashbacks oder posttraumatische Belastungsstörungen können in Form von Albträumen, Scham- oder Schuldgefühlen, Konzentrationsstörungen, Vermeidungsverhalten, Depressionen, Ängsten, Reizbarkeit oder Störungen im Sozialverhalten auftreten. Auch können bestimmte Unterrichtsthemen (z. B. das Thema „Krieg“) oder schulische Situationen (z. B. Feueralarm) bei manchen traumatisierten Schülern als „Trigger“ wirken, die erlebte und erlittene Erlebnisse zurückbringen und unangemessene Reaktionen hervorrufen.

Schulen sind keine therapeutischen Einrichtungen und Lehrkräfte sind keine Therapeuten. Doch können über die Schule Kontakte zu therapeutischen Einrichtungen und Therapeuten hergestellt werden. Dabei ist die Einbeziehung der Eltern wesentlich und notwendig, was zu unterschiedlichen Reaktionen von Zustimmung und Mitarbeit bis zu Ablehnung aus Angst vor Abschiebung und Diskriminierung führen kann. Unabhängig davon können Lehrkräfte traumatisierten Schülern durch einen verständnisvollen Umgang im Schulalltag helfen, Selbstheilungskräfte zu entwickeln. Wichtig ist vor allem viel Geduld und Verständnis der Lehrkraft für die Situation und die Nöte des Kindes. Darüber hinaus sollten beständig auch die kleinsten Fortschritte wahrgenommen und gewürdigt werden. Es ist durchgängig zu berücksichtigen, dass diese Schüler aufgrund ihrer Erlebnisse verletzlicher sind als andere. Durch die Bestätigung und Herausstellung ihrer Stärken, das Ermöglichen positiver emotionaler Zustände (z. B. im Sport oder im musischen Bereich) kann zudem das Selbstwertgefühl entwickelt und gestärkt werden. Rituale und klar strukturierte Unterrichtsabläufe ermöglichen es den traumatisierten Kindern, ein Gefühl der Kontrolle und Sicherheit zu entwickeln.

„Traumata-Talks" sollten im Unterricht vermieden werden, da sie zu Situationen führen können, denen die Lehrkräfte nicht gewachsen sind. Die Kinder sollten hingegen unterstützt und bestärkt werden, sich mit dem Hier und Jetzt zu beschäftigen. Eine von Respekt, Wertschätzung und Akzeptanz gekennzeichnete Beziehung zwischen Lehrkraft und Schülern sowie innerhalb der Klasse schafft eine förderliche Basis für Geborgenheit in der Gruppe und ermöglicht die Entwicklung von Perspektiven. Wesentlich bleibt für Lehrkräfte weiterhin zu bedenken, dass sie trotz all ihrer Bemühungen und positiven Zuwendung im konkreten Fall scheitern können. Sich dieser Tatsache bewusst zu sein und nicht in Ohnmacht, Hilflosigkeit oder Zynismus zu versinken, sondern auch für die eigene Psychohygiene zu sorgen, ist Teil eines professionellen Pädagogenverhaltens.

3.3 *Kopiervorlagen* „Lebens- und Sprachbiographie“

Lebensbiographie

erstellt am: ______________________ von: ______________________

Name des Kindes: ______________________ Alter: ______________

Herkunftsland: ______________________

Adresse in Deutschland: ______________________

lebt mit: ☐ Vater ☐ Mutter ☐ Sonstige ☐ Geschwister ☐ ______________

In Deutschland seit: ______________________

Aufenthaltsstatus:

(z. B. Asylbewerber / unbegleiteter Flüchtling / Flüchtling / Einwanderer aus EU-Land / Einwanderer aus Drittland / Rückkehrer nach Deutschland / (Spät-)Aussiedler …)

____

Sonstiges:

(z. B. Geschwisterkinder in der Schule / Sprachkenntnisse der Eltern / deutschsprachige Kontaktperson / gesundheitliche Aspekte ...)

____

____

____

____

____

____

____

____

Sprachbiographie

erstellt am: ______________________ von: ______________________

Name des Kindes: ______________________ Alter: __________

Erstsprache: ______________________ weitere Sprachen: ______________________

____

lernt Deutsch seit: ____

Sprachen in der Familie:

Vater: ______________________ Mutter: ______________________

wichtigste Familiensprache: ____

Kind spricht

mit der Mutter: ______________________ mit dem Vater: ______________________

mit Geschwistern: ______________________ mit Freunden: ______________________

In welcher Sprache wurden Lesen und Schreiben gelernt? ______________________

In welchen weiteren Sprachen kann das Kind lesen und schreiben? ______________________

Lieblingssprache des Kindes: ____

Motivation, Deutsch zu lernen: ____

Sprachlernverhalten (erster Eindruck):

(z. B. ängstlich – forsch / extrovertiert – introvertiert / mehr mündlich – schriftlich …)

____

____

Textverständnis bei deutschen Texten (erster Eindruck):
(z. B. groß / gering / kaum gegeben / sinnerschließend bei einfachen / komplexen / längeren / kürzeren Texten …)

____

____

____

3.4 Muttersprache – Zweitsprache – Fremdsprache

Fremdsprachenlerner sind es gewohnt, dass ihnen die gewünschte Fremdsprache von einer kompetenten Lehrperson strukturiert in „mund- und hirngerechten“ Happen gereicht wird. Bei Unklarheiten steht als Hilfe und zur Erläuterung die Erstsprache (z. B. Deutsch) zur Verfügung. Sie wird von Schülern und Lehrkraft beherrscht und kann für das Erlernen der Fremdsprache und das Sprechen über die Sprache eingesetzt werden. Wie gut dann die zu erlernende Fremdsprache beherrscht wird, hängt vom Lerner, seiner Motivation und seinem Sprachlerntalent ab. Aber auch die Lehrkraft und ihr Talent in der methodisch-didaktischen Vermittlung und die Zeitdauer, in der die Fremdsprache gelernt wird, sind wesentlich.

Anders erfolgt der Erwerb der Muttersprache. In Interaktion mit Personen, die dem Kind positiv zugewandt sind, erwirbt es das komplexe sprachliche System seiner Umgebung altersgemäß in relativ kurzer Zeit. Zum einen lernt es, Lauten Bedeutungen und Inhalte zuzuordnen; zum anderen erwirbt es über die Muttersprache auch ein gesamtes Weltbild. Es erschließt sich seine Sicht auf die Welt gedanklich. „Humboldt erkannte die Welt der ‚inneren Sprachform‘, die zu jeder Sprache gehörigen und nur in ihr lebenden Sprachinhalte, die insgesamt das Weltbild einer Sprache ausmachen. Dieses Weltbild ist zweifellos das Entscheidende an der Sprache“, wie Weisgerber in *Das Tor zur Muttersprache* (1951: 14) hervorhebt.

Der Erwerb der phonetischen Besonderheiten der jeweiligen Umgebungssprache findet bereits im ersten Lebensjahr statt. Es wurde in verschiedenen Studien gezeigt, „dass Babbellaute von Kindern verschiedener Sprachumgebungen wie z. B. Chinesisch, Arabisch, Schwedisch und Französisch ab 4 bis 7 Monaten Merkmale oder Angleichung an die Muttersprache in verschiedenen Aspekten zeigen“ (Klann-Delius 2008: S. 27). Die Sensibilisierung für die Muttersprache in Wahrnehmung und Produktion bewirkt, dass die vorherige, universelle Diskriminierungsfähigkeit von Lauten zugunsten der Muster und Regelmäßigkeiten der Muttersprache im Lautstrom verschwindet. Der rasante Erwerb der Muttersprache umfasst dabei selbstverständlich auch den Wortschatz der jeweiligen Sprache: „Man nimmt heute an, dass Kinder im Alter von zwei Jahren durchschnittlich 500 Wörter beherrschen, im Alter von fünf Jahren sind es etwa 3.000. Mit der Einschulung beginnt dann bei den meisten Kindern eine explosionsartige Wortschatzerweiterung, die dazu führt, dass bereits mit sieben Jahren weit über 10.000 Wörter verstanden werden. In Sachen Wortschatz hat man allerdings nie ausgelernt.“ (Eisenberg/Linke 1996: 21)

Zweitsprachlerner verfügen über eine Muttersprache, die ihnen für ihr Leben in Deutschland und für die Bewältigung sprachlicher Situationen meist wenig nützt. Deutsch als Fremdsprache haben sie im Herkunftsland häufig nicht gelernt. Sie müssen daher in einem Land zurechtkommen, dessen Sprache sie erst durch das Erleben und Bestehen in kommunikativen Situationen, vom Einkaufen bis zur Fortbewegung im öffentlichen Raum, anwenden und beherrschen lernen. Wie Forschungen zum ungesteuerten Zweitspracherwerb zeigen, erwerben die Lerner die Zweitsprache mit ihren vielen Facetten ganzheitlich, indem sie für sich Interimssprachen schaffen. Diese Sprachen entwickeln sich in permanentem Regelerwerb und -verlust weiter und folgen gewissen Gesetzmäßigkeiten, die auch von der Individualität des Lerners, Alter, Motivation und Begabung sowie seiner Muttersprache und seinen Fremdsprachenkenntnissen beeinflusst werden.

Sprachunterricht mit Zweitsprachlernern kann als intentionales Handeln den Sprachlernprozess positiv beeinflussen, indem er den Lernern in einer angstfreien Atmosphäre ihre bereits erworbene Sprachkompetenz bewusst macht. In offenen, möglichst selbstgesteuerten Unterrichtsituationen sollte es den Lernern ermöglicht werden, ihre individuellen Lernstrategien zu entwickeln und sich die unterschiedlichen Aspekte der Zielsprache Deutsch anzueignen. Faktenwissen über Sprache und grammatikalische Begrifflichkeit spielen hierbei eine nachgeordnete Rolle. Sprache zu entdecken, d. h. eine Fragehaltung gegenüber sprachlichen Phänomenen auch im Vergleich mit der jeweiligen Muttersprache zu entwickeln und Freude an Lernprozessen zu haben, ist eine gute Basis für ein lebenslanges Weiterlernen.

3.5 Sprachstandsfeststellung bei Zweitsprachlernern

In den vergangenen Jahren wurden viele neue Verfahren zur Feststellung des Sprachstands von Zweitsprachlernern entwickelt. Hierbei ist jedoch zu berücksichtigen, dass jede Erhebung und jeder Test nur eine Momentaufnahme in einem komplexen Spracherwerbsprozess sein kann, der insgesamt kaum zu erfassen ist. Als Lehrkraft sollte man daher die Sprachstandsfeststellung vom Zweck her betrachten und beurteilen. Häufig ist dies die Eingruppierung von Schülern in eine Fördergruppe oder die Optimierung von Sprachfördermaßnahmen. Aufgrund der sehr unterschiedlichen Lebens- und Sprachbiographien der Schüler ist von einer relativ großen Heterogenität in den Klassen und Lerngruppen auszugehen. Die Basisqualifikationen zur Sprachaneignung sind unterschiedlich ausgeprägt und entwickelt. Entsprechend unterschiedlich kommen die Schüler mit den schulischen Anforderungen zurecht. Hilfreich für Lehrkräfte ist es, den Blick auf die vier Fertigkeitsbereiche (Hören, Sprechen, Lesen und Schreiben) zu richten, um bei aller Relativität den Sprachstand jedes Einzelnen ganzheitlich einschätzen zu können.

Zum Hörverstehen

Die Zweitsprachlerner sind in der Schule tagtäglich Situationen ausgesetzt, in denen sie agieren oder reagieren müssen. Die Muttersprache, die sie mitbringen, hilft meist nicht und Deutsch verstehen sie oft noch nicht gut genug. Notgedrungen orientieren sie sich daher am kommunikativen Verhalten der Mitschüler. Zunehmend identifizieren sie sich wiederholende Lautgestalten, sprachliche Muster sowie Intonationen und Konventionen des Sprachgebrauchs. Im Allgemeinen wird so die Alltagskommunikation in Handlungszusammenhängen relativ schnell verstanden und erworben. Sehr viel länger dauert es, bis Strategien entwickelt sind, um Erzählungen, Berichte, Beschreibungen, Begründungen oder andere komplexere mündliche Texte zu verstehen.

Zum Sprechen

Sprechen wird zum einen in kommunikativen Situationen als Reaktion auf Gehörtes eingesetzt, zum anderen beim Vorlesen oder beim freien Sprechen, z. B. im Sitzkreis beim Erzählen, Berichten, Beschreiben oder bei Diskussionen zu unterschiedlichen Themen, bei denen Argumente vorgetragen werden. Während das Sprechen in Alltagssituationen je nach Temperament und Sprechangst in der Zweitsprache unterschiedlich schnell gelingt, erfordert das „präsentierende“ Sprechen spezielle Fertigkeiten, die erst durch intensives Training in Handlungssituationen auf der Grundlage sachbezogener Aufgabenstellungen erworben werden.

Zum Leseverstehen

Beim Leseverstehen muss vom Leser aus graphischen Zeichen ein Sinn konstruiert werden. Dieser komplexe und aktive Prozess birgt für Zweitsprachlerner eine Vielzahl von Herausforderungen, die über die Anforderungen an muttersprachliche Lerner hinausgehen. So müssen z. B. Lerner, die bereits in einem anderen Schriftsystem das Lesen gelernt haben, ein neues graphisches System erwerben. Dazu kommen Unterschiede im Wortschatz, dem thematischen und syntaktischen Wissen und der Kapazität des jeweiligen Arbeitsgedächtnisses der Leser. Ein ausschließliches Übersetzen der graphischen Struktur in eine lautliche Gestalt, ohne Sinnkonstruktion, wie sie beim Vorlesen von manchen Schülern relativ zügig vollzogen wird, behindert das Leseverstehen.

Zum Schreiben

Die Beschäftigung mit von Zweitsprachlernern Geschriebenem erlaubt Lehrkräften einen differenzierten Einblick in den Sprachstand des jeweiligen Schülers. Zum einen gehen die Lernenden beim Schreiben meist reflektierter mit der Zweitsprache um als beim Sprechen, was sofortige Korrekturen, bedingt durch die Reaktion des Gesprächspartners, ermöglicht. Zum anderen kann die Lehrkraft problemlos schriftliche Zeugnisse der Schüler sammeln und sich und den Schülern so über die Zeit Entwicklungslinien im Spracherwerb deutlich machen. Zum Dritten spielen schriftliche Leistungsnachweise im deutschen Schulsystem eine tragende Rolle. Wie bei deutschen Muttersprachlern erfolgt das Schreibenlernen bei Zweitsprachlernern über mehrere Stufen vom Erwerb der Schriftzeichen über die lautliche Zuordnung bis zum orthographisch richtigen Schreiben mit seinen vielen Regeln und Ausnahmen. Parallel und damit eng verwoben läuft dazu bei Zweitsprachlernern in verstärktem Maße die Erweiterung und Vertiefung des Wortschatzes, syntaktischer Strukturen und der Textkompetenz. Da auch der schriftliche Zweitspracherwerb über die Ausbildung von Interimssprachen mit individuellem Regelerwerb und -verlust erfolgt, spielt das Lesen deutschsprachiger Texte für das Sprachwachstum gerade im schriftlichen Bereich eine besondere Rolle.

Zu Verfahrensarten der Sprachstandsfeststellung

Die auf dem Markt angebotenen Verfahren zur Sprachstandsfeststellung sind zum einen relativ komplexe, standardisierte Testverfahren, welche die sprachlichen Fähigkeiten in vielfältigen Bereichen erfassen. Ein Beispiel hierzu ist das seit 2011 in Anwendung befindliche LiSe-DaZ (Linguistische Sprachstandserhebung – Deutsch als Zweitsprache) von P. Schulz und R. Tracy. Mit sieben Subtests wird das sprachliche Wissen in der Produktions- wie in der Verstehensfähigkeit von Kindern in zentralen morphologischen, syntaktischen und semantischen Bereichen der deutschen Sprache erfasst. Durch Wiederholungsmessungen können Entwicklungsfortschritte geprüft werden.

Zum anderen werden unterschiedlich geartete Profilanalysen angeboten. So werden bei HAVAS 5 (Hamburger Verfahren zur Analyse des Sprachstands bei Fünfjährigen) und bei „Tulpenbeet“ mittels Bildimpulsen Daten erhoben, die anschließend unter unterschiedlichen Kriterien wie Wortschatz, Syntax oder Erzählfähigkeit ausgewertet werden. Bei der Profilanalyse von Grießhaber (2013) wird die grammatische Komplexität mündlicher und schriftlicher Äußerungen anhand der Stellung verbaler Elemente untersucht. Hierzu werden die Äußerungen in minimale satzwertige Einheiten zerlegt, deren syntaktische Struktur sodann bestimmt und einer Erwerbsstufe zugeordnet wird. Wiederholt durchgeführte Profilanalysen ermöglichen in einem gewissen Rahmen das Messen des Spracherwerbsprozesses des jeweiligen Lerners. Informelle Verfahren wie Selbsteinschätzungen der Schüler und das Beobachten des sprachlichen Handelns mit Hilfe von Beobachtungsbögen ermöglichen unter Berücksichtigung des subjektiven Eindrucks der beobachtenden Person individuelle Einblicke darin, was ein Kind kann, was es noch lernen muss und wie die nächsten Lernschritte gestaltet werden könnten.

Die folgenden Kopiervorlagen ermöglichen es der Lehrkraft bei einzelnen Schülern, Aspekte des komplexen Spracherwerbsprozesses zu beobachten und einzuschätzen. Die Vorlagen zum Hörverstehen, Sprechen, Leseverstehen und Schreiben ergeben in Verbindung mit den Bögen zur Lebens- und Sprachbiographie ein relativ differenziertes Bild des Zweitsprachlerners. Diese Informationen können als Grundlage für das Konzipieren von Sequenzen einer gezielten Sprachförderung dienen. Zudem erhalten neue Lehrkräfte beim Wechsel der Klasse oder Lerngruppe erste Informationen zur sprachlichen Situation des jeweiligen Schülers. Das Erstellungsdatum sollte hierbei stets beachtet werden.

3.6 *Kopiervorlagen* „Hörverstehen, Sprechen, Leseverstehen, Schreiben“

Beobachtungsaspekte zum Hörverstehen

Name des Kindes: ______________________________

erstellt am: ____________________ von: ____________________

Der Schüler / Die Schülerin ...	problem-los	meist	selten
versteht einfache Aufforderungen im Unterricht. („Setz dich neben ...“; „Komm zur Tafel“ usw.)			
versteht komplexe Anweisungen im Unterricht. („Schlag das Buch auf ...“; „Unterstreiche ...“ usw.)			
versteht Wesentliches in von der Lehrkraft vorgetragenen narrativen Texten (Fabel, Märchen usw.).			
versteht Wesentliches in von Schülern vorgetragenen narrativen Texten. (z. B. im Erzählkreis)			
versteht Wesentliches in Beschreibungen (z. B. Wegbeschreibung).			
versteht altersgemäße Zahlen und mathematische Operationen.			
versteht Wortschatz und sprachliche Wendungen zu den Szenarien „Familie“ und „Wohnen“.			
versteht Wortschatz und sprachliche Wendungen zu den Szenarien „Gesundheit“, „Einkaufen“, „Sport“.			
versteht altersgemäßen Fachwortschatz im Sachunterricht.			
verbindet neuen Wortschatz mit bereits erworbenem Wortschatz.			
verbindet neue sprachliche Wendungen mit Bekanntem.			
versteht altersgemäße, spaßhafte, mehrdeutige Wendungen.			

Beobachtungsaspekte zum Sprechen

Name des Kindes: ______________________________

erstellt am: ____________________ von: ____________________

Der Schüler / Die Schülerin ...	problem-los	meist	selten
spricht artikuliert und verständlich.			
wiederholt „Zungenbrecher“ exakt.			
trägt Reime und Gedichte artikuliert vor.			
äußert sich bei Gruppenaktivitäten.			
spricht spontan oder auf Nachfragen zu Unterrichtsthemen.			
fragt selbstständig nach.			
versprachlicht Abbildungen.			
formuliert korrekte Fragen zu Bildern.			
spricht Zahlen richtig aus (keine „Zahlendreher“).			
erzählt zusammenhängend in „ganzen Sätzen“.			
benutzt situationsgemäß einen adäquaten Wortschatz.			
variiert beim Erzählen die syntaktischen Strukturen.			
verwendet im Sachunterricht zutreffenden Fachwortschatz.			
begründet Verhalten und Sachverhalte altersgemäß. (…, weil …)			

Beobachtungsaspekte zum Leseverstehen

Name des Kindes: ______________________________

erstellt am: ____________________ von: ____________________

Der Schüler / Die Schülerin ...	problem-los	meist	selten
versteht schriftliche Arbeitsanweisungen und setzt sie ohne Nachfragen um (z. B. bei Probearbeiten).			
entnimmt wesentliche Inhalte aus altersgemäßen Texten.			
erschließt unbekannte Wörter aus dem Kontext.			
beantwortet Fragen zu selbstständig (leise) erlesenen Texten.			
liest in angemessenem Tempo.			
setzt selbstständig Nachschlagwerke ein.			
nutzt Zeichnungen und Bilder im Text zur Sinnkonstruktion.			
identifiziert wesentliche Merkmale von Textsorten.			
erfasst Wörter mit einem Blick. („Blitzlesen“)			
liest und versteht „Texte mit Hindernissen“ (z. B. Lückentexte).			
liest fehlerlos und vorausblickend vor.			

Beobachtungsaspekte zum Schreiben

Name des Kindes: ______________________________

erstellt am: ____________________ von: ____________________

Der Schüler / Die Schülerin ...	problem-los	meist	selten
schreibt ausreichend schnell und lesbar.			
setzt altersgemäße Rechtschreibstrategien ein.			
berücksichtigt beim Schreiben Wortgrenzen.			
gliedert selbst verfasste Texte in Sätze.			
schreibt beim freien Schreiben syntaktisch korrekte Hauptsätze.			
verwendet bei freien Texten auch Satzverbindungen.			
verwendet bei freien Texten auch Satzgefüge.			
verwendet das Präteritum.			
verwendet Partizipkonstruktionen.			
beherrscht Pluralbildungen.			
verwendet bei freien Texten Textverknüpfungen.			

IV Zur Erweiterung der phonetischen Kompetenz

4.1 Einige Besonderheiten des Deutschen

Sprachwissenschaftler gehen davon aus, dass es auf der Erde ca. 6.500 Einzelsprachen gibt. Manche sind vom Aussterben bedroht, andere entstehen neu. Die Mehrzahl der Menschen verwendet neben der Muttersprache mindestens eine weitere Sprache als sogenannte Verkehrssprache. Verkehrssprachen haben eine überregionale Gültigkeit und entstehen aus politischen und wirtschaftlichen Gründen. So sind z. B. die Sprachen der ehemaligen Kolonialherren auch heute noch die Verkehrssprachen in vielen Regionen der Erde. Gemeinsam ist allen Sprachen, dass sie relativ komplexe Lautsprachen sind. Aus bedeutungsunterscheidenen Einheiten auf der Lautebene (Phonemen) werden bedeutungstragende Einheiten (Morpheme). Aus diesen Einheiten werden mittels Regeln (Syntax) Strukturen geschaffen, die in der jeweiligen Sprachgemeinschaft Kommunikation bzw. Sprachhandeln ermöglichen. Mit Ausnahme der relativ wenigen lautmalenden Wörter (z. B. Kuckuck, Wauwau, surren usw.) und der Interjektionen („Au!", „Oh!" usw.) hat im Deutschen die Zuordnung der lautlichen Zeichen kaum etwas mit den Sachverhalten zu tun, die sie bezeichnen. Muttersprachler erwerben die Zuordnungen weitgehend altersgemäß. Zweitsprachlerner haben allerdings ein anderes phonetisches System erworben, das sie nun erweitern müssen. Eine Eigenheit des phonetischen Systems der deutschen Sprache ist auditiv wie artikulatorisch die Opposition zwischen kurzen und langen Vokalen. Sie fällt Zweitsprachlernern häufig nicht leicht, da dieser Unterschied in vielen Sprachen lediglich als Aussprachevariante vorkommt, jedoch keine bedeutungsunterscheidende Funktion hat.

Das Feder<u>bett</u> lag im Blumen<u>beet</u>.

Die <u>Ofen</u>tür stand <u>offen</u>.

Die Wanderer hatten ihre <u>Hüte</u> in der Berg<u>hütte</u> vergessen.

Bei Ebbe lag das <u>Schiff</u> <u>schief</u> im Wasser.

Da die Verschriftlichung der deutschen Sprache aus dem lateinischen Alphabet entwickelt wurde, wird die Opposition zwischen kurzen und langen Vokalen nicht eindeutig ausgedrückt. Sehr augenfällig wird dies bei den lang gesprochenen Vokalen. So findet sich neben dem Dehnungs-h oder der Verdoppelung des Vokals auch beim „langen i" manchmal ein Dehnungs-e. Doch der häufigste Fall ist das Fehlen jeglicher Markierung:

<u>Langer a-Vokal</u>: der H<u>ah</u>n – die W<u>aa</u>ge – der W<u>a</u>gen

<u>Langer e-Vokal</u>: s<u>eh</u>r – der S<u>ee</u> – der R<u>e</u>gen

<u>Langer o-Vokal</u>: das <u>Oh</u>r – das B<u>oo</u>t – der H<u>o</u>nig

<u>Langer u-Vokal</u>: die <u>Uh</u>r – die R<u>u</u>te

<u>Langer i-Vokal</u>: <u>ih</u>r – das Kn<u>ie</u> – das V<u>ieh</u> – w<u>i</u>r

Die Kürze von Vokalen wird manchmal durch Konsonantendoppelung ausgedrückt (die Panne – der Retter – der Riss – die Motte – das Futter) bzw. die Sonderformen einer Doppelung durch „ck“ (der Rucksack) oder „tz“ (die Katze – die Tatze). Aber auch hier ist das Fehlen jeglicher Markierung am häufigsten (mit – am – ob – egal – der Umkreis).

Eine weitere Schwierigkeit im phonetischen Bereich ist für manche Zweitsprachlerner, deren Muttersprache z. B. Türkisch oder Arabisch ist, die Konsonantenhäufung bei manchen deutschen Wörtern. Diese Lerner neigen dazu, „Sprossvokale“ in die Wörter einzufügen. (z. B. die Schewester, der Buruder usw.)

Das Lesen und Schreiben wird vor allem durch mehrdeutige Laut-Buchstaben-Beziehungen erschwert. Doch dies ist kein Spezifikum des Deutschen allein, sondern es findet sich in vielen Schriftsprachen. Da sie historisch gewachsen sind, hat sich die gesprochene Sprache häufig verändert, ohne dass man die „alten“ Schreibungen angepasst hat. Die Orthographie folgt eben nicht nur dem Lautprinzip. Für die Schreibweise deutscher Wörter gelten unterschiedliche Prinzipien, die sich teils ergänzen, teils widersprechen. Neben dem Lautprinzip („Schreib so, wie du hochdeutsch sprichst.“) sind dies das Stammprinzip (die Mäuse – die Maus), das etymologische Prinzip (die Pizza, ital.; das Sweatshirt, engl.), das ästhetische Prinzip (sprechen, nicht schprechen), das semantische Prinzip (die Lärche – die Lerche) und das grammatische Prinzip, das die Groß- und Kleinschreibung sowie die Zeichensetzung regelt. Auch die sogenannte Rechtschreibreform von 1996 mit den Nachänderungen von 2004 und 2006 hat die Widersprüche nicht völlig behoben. Bei all dieser Vielfalt gilt letztendlich für das Erlernen der deutschen Rechtschreibung für deutsche Muttersprachler und für Zweitsprachlerner nur die von Wilhelm Busch übermittelte Weisheit des Lehrers Lämpel: „Also lautet der Beschluss: Dass der Mensch was lernen muss.“

4.2 Zur phonologischen Bewusstheit bei Zweitsprachlernern

Beim Spracherwerb nehmen Kinder zunächst die Stimmen ihrer Umgebung wie „das Rauschen eines Gebirgsbachs“ wahr. Die Stimme der Mutter wird sofort identifiziert; auch ob ihre Stimme lobt oder tadelt, wird sehr früh unterschieden. Immer mehr Einzelheiten entdeckt das Kind im Lautstrom der Umgebungssprache. Die Muttersprache wird so mit ihren phonetischen Besonderheiten erworben und zunehmend differenziert genutzt. Je umfassender die phonologische Bewusstheit wird, desto leichter fällt es Kindern, das Lesen und Schreiben zu erlernen. Durch gezielte Übungen kann die phonologische Bewusstheit schon im Vorschulalter gefördert werden. Der Zugang zur Schriftkultur der Muttersprache wird so erleichtert, wie vielfältige Untersuchungen belegen. Anders ist es bei Kindern, die durch Migration aus einem erworbenen und gewohnten muttersprachlichen „Sprachbad“ in ein völlig anderes gelangen. Diese Kinder müssen ihre Sprachverarbeitungskapazität erweitern und phonologische Bewusstheit für eine zweite, bspw. die deutsche, Sprache erwerben. Auch wenn dies beim ungesteuerten Zweitspracherwerb meist unbeabsichtigt und nebenbei erfolgt, kann eine gezielte phonologische Arbeit im Unterricht den Prozess beschleunigen.

Phonologische Bewusstheit im weiteren Sinn wird durch die Fähigkeit, Reime zu erkennen und zu bilden, Wörter in Silben zu zerlegen und aus Silben zusammenzufügen, geschult. Im engeren Sinne geht es darum, Anlaute zu erkennen, Wörter in Laute zu zerlegen, bestimmte Laute in Wörtern zu entdecken und aus Lauten Wörter zu bilden. So wird die Lautgestalt der deutschen Sprache zum Gegenstand der Betrachtung. Eine Verbindung mit der Verschriftlichung der Sprache unterstützt vor allem die phonologische Bewusstwerdung im engeren Sinne und schafft so eine Brücke zur Lese- und Schreibkompetenz in der deutschen Sprache. Kinder, die Lesen und Schreiben bereits in einer anderen Sprache und z. T. mit einem anderen Schriftsystem erlernt haben, brauchen entsprechend mehr Zeit, die Phonem-Graphem-Zuordnung der deutschen Sprache zu erwerben. Auch hier kann es, wie beim Zweitspracherwerb insgesamt, zu „Interimsvarianten“ kommen, denn jede Schriftsprache hat ihre eigene Phonem-Graphem-Zuordnung.

Bei den Übungen, die spielerisch gestaltet sein sollten, geht es zunächst darum, die auditive Merkfähigkeit in der deutschen Sprache zu entwickeln und zu fördern. Vorgegebene Wörter und Wortfolgen (auch Phantasiewörter), Verse, Reime und Zungenbrecher sollen behalten und wiederholt werden können. In der nächsten Phase geht es dann darum, Wörter in Silben zu klatschen. Hierbei sollten die Schüler das Augenmerk auf einzelne Phoneme richten. Sie sollen gemeinsame und unterschiedliche Anlaute bei deutschen Wörtern erkennen und herausfinden, ob ein bestimmter Laut am Anfang, im Inneren oder am Ende eines Wortes zu hören ist. Auch kann in dieser Phase die Zuordnung von Lauten zu Buchstaben vollzogen werden, womit die Brücke zum Lesen und Schreiben geschlagen wird.

4.3 Übungsformen und -bereiche

Jede Lehrkraft verfügt in ihrem „Methodenkoffer“ über eine Vielzahl von Unterrichtsformen, um die phonetischen Kompetenzen für die deutsche Sprache bei Zweitsprachlernern zu fördern. So hilft z. B. das gemeinsame Singen von Kinderliedern zu Beginn der Stunde, in die deutsche Sprache einzutauchen („Warming-up“). Auch die auditive Merkfähigkeit und die Artikulationsfähigkeit werden geschult. Erzählt die Lehrkraft zu Beginn der Stunde ein Märchen oder eine erfundene Geschichte, so kann sie Wörter, Sätze oder Zaubersprüche einbauen, die auf ein Handzeichen hin von der ganzen Klasse im Chor wiederholt werden. Das Einbeziehen von Bewegungen (ganzer Körper, Hände, Finger), die von den Schülern mitgemacht werden, unterstützt zudem das Lernen mit allen Sinnen. Kinder, die bei manchen Artikulationsspielen Schwierigkeiten haben, können in Kleingruppen oder in Partnerarbeit weiterüben, bis auch sie Erfolgserlebnisse haben. Da die Ausgangslagen sowohl im auditiven wie im artikulatorischen Bereich sehr unterschiedlich sind, spielen Empathie, Ermunterung und Lob gerade für sogenannte „schwache“ Schüler eine besonders wichtige Rolle.

Durch die Beobachtung der phonetischen Fähigkeiten der einzelnen Kinder können Spielsituationen geschaffen werden, in denen die für die deutsche Sprache markanten Aspekte der phonologischen Bewusstheit schülergemäß geübt werden. Kinderliteratur, Spiel- und Singbücher bieten häufig umfangreiche und gut geeignete Materialien. Aufgabe der Lehrkraft ist es, entsprechende Spiele, Lieder und Texte auszuwählen, sodass der einzelne Schüler möglichst optimal gefördert wird. Auf den folgenden Seiten werden exemplarisch einige Übungen vorgestellt, mit denen unterschiedliche Aspekte der phonologischen Bewusstheit integrativ geübt werden können. Zudem sollte die Entwicklung und Schulung der phonologischen Bewusstheit für die deutsche Sprache als Unterrichtsprinzip im Zweitsprachunterricht ständig präsent sein und aus jeweils gegebenem Anlass sowohl bei der Wortschatzarbeit als auch bei der Erweiterung der syntaktischen Kompetenz eine Rolle spielen. Dabei können situativ die im Folgenden aufgelisteten Aspekte zum Tragen kommen:

- Schulen der Merkfähigkeit
- Begleiten der Textwiedergabe mit expressiven Gesten
- Entdecken und Artikulieren von Reimen
- Entdecken und Klatschen des Sprachrhythmus
- Klatschen von Silben
- Erkennen von Anlauten bei Wörtern
- Vertauschen von Anlauten bei Wörtern (z. B. die Rose – die Hose)
- Artikulieren von Anlauten bei Wörtern
- Artikulieren von Phantasiewörtern
- Verbinden von Wörtern mit Bewegungen
- Wahrnehmen von Silbenrhythmen
- Erkennen der Anzahl von Silben in Wörtern
- Artikulation von Wörtern mit Konsonantenhäufungen
- Spielerisches Einsetzen von „Sprossvokalen“ bei Konsonantenhäufungen
- Auswendiglernen kurzer Gedichte, Reime und Abzählverse
- Erkennen und Artikulieren klanglicher Ähnlichkeiten
- Erkennen und Artikulieren von Schüttelreimen
- Erkennen der Lautfolge in Wörtern
- Synthetisieren von Lauten zu Silben und Wörtern
- Zuordnen von Lauten zu Buchstaben bzw. Buchstabengruppen
- Ergänzen von Lauten in unvollständigen Schriftbildern
- Ergänzen von Reimen
- Erkennen und Artikulieren von in Lauten gesprochenen Wörtern (z. B. N-a-s-e; B-ei-n)
- Artikulieren von Zungenbrechern
- Entwickeln einer persönlichen Anlauttabelle mit eigenen Lieblingswörtern
- Beschreiben von Lauten nach Beobachtung im Spiegel
- Zeichnen der Lippenstellung bei ausgewählten Lauten (z. B. a – o – u)

4.4 *Kopiervorlagen* „Förderung der phonetischen Kompetenz“

Lange Vokale – kurze Vokale – Reimwörter

Unterrichtsvorschlag

1. Die Lehrkraft trägt das Gedicht „Das ästhetische Wiesel“ von Christian Morgenstern (Kopiervorlage S. 30) vor.

2. Im Anschluss werden unbekannte Wörter im Plenum geklärt, eventuell mit dem Einsatz von Bildern.

3. Die Lehrkraft spricht das Gedicht daraufhin strophenweise vor und die Kinder sprechen nach.

   Dabei sollten die Reimwörter betont werden.

   Die langen und kurzen „i-Vokale“ können durch Handzeichen hervorgehoben werden.

4. Daraufhin sollen die langen „i-Vokale“ in der ersten Strophe durch a / u / o / ä / ö / ü / ei ersetzt und die Phantasiewörter (Wasel – Kasel – Bachgerasel usw.) laut gesprochen werden.

5. Mithilfe der Reime kann das Gedicht von Morgenstern auswendig gelernt werden.

6. Im Anschluss verteilt die Lehrkraft die Kopiervorlage mit den beiden Gedichten (S. 30) und liest das Gedicht „Die Ameisen“ von Ringelnatz laut vor.

7. Die Reime werden zunächst offen gelassen und erst beim zweiten Mal von den Kindern ergänzt.

Christian Morgenstern

Das ästhetische Wiesel

Ein Wiesel
saß auf einem Kiesel
inmitten Bachgeriesel.

Wisst ihr
weshalb?

Das Mondkalb
verriet es mir
im Stillen:

Das raffinierte Tier
tat's um des Reimes willen.

Joachim Ringelnatz

Die Ameisen

In Hamburg lebten zwei Ameisen,
die wollten nach Australien r ...

Bei Altona auf der Chaussee
da taten ihnen die Beine w ...,

und da verzichteten sie weise
dann auf den letzten Teil der R ...

So will man oft und kann doch n ...
und leistet dann recht gern Verzicht.

Zungenbrecher – Laute – Buchstaben

Unterrichtsvorschlag

1. Die Wörter werden von der Lehrkraft laut vorgelesen. Dazu zieht die Lehrkraft das auf einem Papierstreifen stehende Wort aus einer Mappe so heraus, dass zunehmend mehr Buchstaben bzw. Buchstabengruppen erscheinen. Die Schüler lesen im Chor „synthetisch", das heißt „zusammenziehend". Hier ein Beispiel: B – Br – Brau – Braut – Brautk – Brautkl – Brautklei – Brautkleid usw.
2. Sind alle Wörter zusammenziehend erlesen, wird der gesamte Zungenbrecher im Chor laut gesprochen.
3. Daraufhin können die Schüler die Zungenbrecher einzeln sprechen.
4. Die Geschwindigkeit beim Sprechen sollte zunehmend gesteigert werden.

Hier ein paar Beispiele, die im Unterricht verwendet werden können:

- Brautkleid bleibt Brautkleid und Blaukraut bleibt Blaukraut.
- Die Katze tritt die Treppe krumm – krumm tritt die Treppe die Katze.
- Thomas trank tausend Tropfen Tee – tausend Tropfen Tee trank Thomas.
- Zwischen zweiundzwanzig schwankenden Zwetschenzweigen schweben zweiundzwanzig zwitschernde schwarze Schwalben.
- Der dünne Diener trägt die dicke Dame durch den dicken Dreck.
- Hans hört hinter dem Holzhaufen hundert heisere Hasen husten.
- Fischers Fritz fischt frische Fische – frische Fische fischt Fischers Fritz.
- Zehn zahme Ziegen zogen zehn Zentner Zucker zum Züricher Zoo.

Schüttelreime – Silben – Sprachrhythmus

Unterrichtsvorschlag

1. Der Schüttelreim wird langsam im Chor gelesen.
2. Die Reime werden isoliert und mehrmals gesondert gesprochen.
   (z. B. „machen Lust" – „lachen musst" usw.)
3. Parallel zum Sprechen werden die Silben geklatscht.
   (z. B. „Schüt – tel – rei – me – ma – chen – Lust" usw.)
4. Es wird im Wechsel gesprochen und geklatscht.
   („Schüttelreime – klatsch – klatsch – Lust" usw.)
5. Die Lehrkraft zeigt auf einzelne Wörter und die Schüler klatschen und sprechen.
   (z. B.: Lehrkraft zeigt auf „möglich". Schüler klatscht zweimal und sagt dann „möglich".)
6. Die Lehrkraft zeigt eine Silbenzahl mit dem Finger an. Die Schüler nennen ein passendes Wort bzw. passende Wörter des Schüttelreims.
   (z. B.: Lehrkraft zeigt eine Zwei und Schüler nennen „machen, möglich, lachen" usw.)

Hier ein paar Beispiele, die im Unterricht verwendet werden können:

- Schüttelreime machen Lust, möglich, dass du lachen musst.
- Es klapperten die Klapperschlangen, bis ihre Klappern schlapper klangen.
- Es könnte meinem Beine schaden, drum will ich nur zum Scheine baden.
- Ins Teppichhaus die Käufer laufen, sie wollen alle Läufer kaufen.
- Ich will nichts mehr vom Baden wissen, seit mich Krebse in die Wade bissen.
- Die Menschen mögen Möwen leiden, während sie die Löwen meiden.
- Ich sehe einen Hund graben, das muss doch einen Grund haben.
- Der Eskimo hat fahle Wangen, wie gerne möchte er Wale fangen.

V Zur Schul- und Bildungssprache

5.1 Sprachenlabyrinth Schule

Kinder wachsen in die Sprachgemeinschaft ihrer Umgebung mit der gleichen Selbstverständlichkeit hinein, wie sie atmen oder sich bewegen. Während der Spracherwerb in den ersten Lebensjahren seinen natürlichen Lauf nimmt, kommt dem individuellen Sprachgebrauch ab dem sechsten Lebensjahr auf einmal eine ganz andere Bedeutung zu. In der Schule wird Sprache zu einem festen Bestandteil des Unterrichts und je nachdem aus welchem sozialen und sprachlichen Umfeld ein Schüler kommt, kann dies Schüler und Lehrer vor kleinere oder größere Herausforderungen stellen.

In der öffentlichen Diskussion wird von Politikern und Arbeitgebern im Zuge der Flüchtlingsdebatte immer wieder gefordert: Die Migranten müssen richtig Deutsch können, damit sie sich in unserem Land zurechtfinden. Hier sieht man vor allem die Schule und andere Bildungseinrichtungen in der Pflicht. Dass es manche Kinder mit Migrationshintergrund aus unterschiedlichen Gründen in der Schule besonders schwer haben, hat viele Ursachen. Ein sprachliches Problemfeld ist die Schul- und Bildungssprache. Diese ist bisher in der allgemeinen Diskussion leider zu wenig bedacht worden.

Für Lehrkräfte, Bildungspolitiker oder Schulbuchautoren ist die Bildungssprache logischerweise eine Selbstverständlichkeit. Doch „ein zunehmender Anteil von Schülern deutscher wie nichtdeutscher Muttersprache bringt die vorausgesetzten Sprachkompetenzen [...] nicht in die Schule mit." (Feilke 2012: 4) Denken wir nur an die im Unterricht üblichen und allgegenwärtigen Sprachhandlungsformen wie das Erklären, das Beschreiben, das Nennen, das Erläutern, das Beurteilen. „Schulsprache und Bildungssprache werden soziolinguistisch auch als sprachliche „Register" bezeichnet. Der Begriff fasst – anders als der räumlich einzugrenzende „Dialekt" – die Sprachgebrauchsformen in einem bestimmten sozial-funktionalen Kommunikationsfeld, hier eben dem der Bildung und Schule [...]" (ebd.: 6) zusammen. Als Verkehrssprache schafft sie Voraussetzungen dafür, dass Mitglieder der Gesellschaft „sich mit den Mitteln der allgemeinen Schulbildung ein Orientierungswissen verschaffen können" (Habermas, zit. in ebd.: 6). Die Wissenschaftssprachen fließen in die Schul- und Bildungssprache ein, sie sind jedoch z. T. differenzierter und dienen häufig auch der Abgrenzung von der Verkehrssprache der Öffentlichkeit. Allerdings sind die Übergänge hier fließend. „Das Register der Bildungssprache ist kommunikativ auf vorwiegend schriftliche Situationen bezogen, auch wenn es zugleich medial mündlich in Gebrauch ist." (ebd.: 6)

Häufig sind Menschen, die später im Beruf (kommunikative) Probleme haben, vorher bereits an der Schulsprache gescheitert. Vielen Lehrkräften ist dies allerdings nicht bewusst, da sie wie selbstverständlich über die Schul- und Bildungssprache verfügen und diese im Schulalltag voraussetzen. Die Zusammenhänge zwischen Sprache, Lernen und Wissen finden in der Lehrerausbildung bedauerlicherweise zu wenig Beachtung. Auch eine sprachliche Vorbereitung der Schüler für den „Lebensraum Schule" erfolgt nur in Ansätzen. Da die Schul- und Bildungssprache stark an der Schriftsprache orientiert ist, müssen zu ihrem Verständnis Text- und Wortschatzkompetenzen sowie funktional-grammatische Kompetenzen ineinandergreifen.

Wirksam werden diese Kompetenzen allerdings nur, wenn das schulsprachliche Selbstvertrauen der Schüler gegeben ist. Dieses ist allerdings in einer Benotungs- und Selektionsschule nur schwer zu erwerben, wenn man sich von Beginn an zu den sprachlich Abgeschlagenen zählt.

Für den Erwerb und die Entwicklung der Schul- und Bildungssprache eignet sich vor allem der schriftbestimmte Sprachgebrauch, da er vom „kommunikativen Stress“ befreit. Somit sollten im Unterricht Situationen geschaffen werden, in denen sich die Schüler stressfrei im Praktizieren von Bildungssprache erproben können. Dies gilt nicht nur für den Deutschunterricht. Jedes Fach hat schul- und bildungssprachliche Elemente und somit auch die Verantwortung, diese weiter zu entwickeln und zu üben. Besonders die unterschiedlichen sprachlichen Ausprägungen sollten hierbei hervorgehoben werden. So kann z. B. ein Gedicht im Deutschunterricht ebenso wie eine Statistik im Geschichtsunterricht „interpretiert“ werden. Es zeigt sich, dass Sprachbildung und -förderung fächerübergreifend und durchgängig zu erfolgen hat.

5.2 Leitfragen zur Schul- und Bildungssprache

Schul- und Bildungssprache kann nicht isoliert unterrichtet werden. Die Vorstellung einer separaten Unterrichtseinheit („Heute behandeln wir einmal das Passiv, weil das braucht ihr für eure Schulsprache.“) ist leider wenig zielführend. Funktionalität ist hier das Stichwort: Lehrer (und Schüler) müssen in jedem Unterrichtsfach, auch im Sachunterricht, in Mathematik, Sport, Kunsterziehung und Musik, die sprachliche Gestaltung und die Sprachbildung im Blick haben. Ganz nach dem Motto: Jede Unterrichtsstunde ist eine Deutschstunde! Das wesentliche Merkmal schulischer Bildungssprache ist die Orientierung an der „konzeptionellen Schriftlichkeit“, weniger dialogisch und interaktiv, mehr monologisch, strukturiert und komplex. Es soll sich möglichst um eine situationsungebundene und emotionsfreie Sprachproduktion mit hoher Informationsdichte und generalisierenden Redemitteln handeln. Von Lehrkräften fordert dies, dass sie sich der sprachlichen Hürden für gewisse Schüler bewusst sind und sich ihnen und ihren sprachlichen Versuchen gegenüber nicht defizitorientiert, sondern ermutigend, fördernd und bestätigend verhalten. Nur so können diese Schüler die bildungssprachlichen „Werkzeuge“ erwerben und anwenden lernen.

Bildungssprachliche Leitfragen, die in die Konzeption jedes (Fach)Unterrichts einbezogen werden sollten, sind:

- Welche sprachlichen Mittel sind zur Bewältigung dieses speziellen Unterrichtsgegenstandes erforderlich?
- Welche Textsortenkompetenz muss bei den Schülern für dieses Fach bzw. diesen Unterrichtsgegenstand gegeben sein?
- Wie können die Schüler die sprachlichen Mittel erwerben, reflektieren und für die Weiterarbeit nutzbar machen?
- Wie kann das Vorwissen der Schüler aktiviert und genutzt werden?

- Welche exemplarischen sprachlichen Modelle können am konkreten Unterrichtsgegenstand entwickelt werden?
- Woran können die Schüler die erworbenen sprachlichen Kompetenzen sinnvoll üben?
- Wie lassen sich Leistungsanforderungen formulieren und Lernaktivitäten gestalten, die sowohl fachliche als auch sprachliche Kompetenzen schulen?
- Wodurch kann der bildungssprachliche Anteil der Lehrkraft im Unterricht reduziert und die Beteiligung von Schülern erhöht werden?
- Wodurch können Formulierungsbarrieren bei den Schülern vermindert und Formulierungshilfen geboten werden?
- Welche Redemittel können zur selbstständigen Erarbeitung von Aufgaben im und außerhalb des Unterrichts geboten werden?

5.3 *Kopiervorlagen* „Förderung der Schul- und Bildungssprache“

Sprachliche Mittel im Fach Mathematik

Sachrechnen: Schüler und ihre Schulwege

Ali: 440 m – Miriam: 280 m – Elif: 560 m – Paula: 110 m

1. Schreibe Rechenaufgaben. Folgende Wörter können dir helfen:

länger – kürzer – doppelt so lang wie – halb so lang wie – …
Beispiel: Ihr/Sein Schulweg ist halb so lang wie Elifs Schulweg. Wer ist es?

2. Tausche deine Aufgaben mit deinem Mitschüler.
3. Rechne und schreibe zu jeder Aufgabe eine Antwort.

Multiplizieren und Dividieren

1. Erfinde Rechenaufgaben. Folgende Begriffe können dir helfen:

das Doppelte – das Siebenfache – die Hälfte – das Neunfache – der dritte Teil – das Dreifache – der achte Teil – …
Beispiel: Berechne das Neunfache von acht.

2. Tausche deine Aufgaben mit deinem Mitschüler.
3. Rechnet und vergleicht eure Ergebnisse.

Addieren und Subtrahieren

1. Erfinde Rechenaufgaben. Folgende Begriffe können dir helfen:

hinzufügen – abziehen – zusammenzählen – wegnehmen – ergänzen – vermindern – vermehren – …
Beispiel: Zähle 34 und 45 zusammen.

2. Tausche deine Aufgaben mit deinem Mitschüler aus.
3. Rechnet und vergleicht eure Ergebnisse.

Sprachliche Mittel im Sachunterricht: Der Wasserkreislauf

Beschreiben – Fragen stellen – Annahmen formulieren – Verallgemeinern

1. Was siehst du?

Ich sehe: *Eine Pfütze ist auf dem Boden.*

Ich möchte wissen: *Woher kommt der Regen?*

Ich vermute: *Der Regen kommt …*

2. Eine Stunde später …

Ich sehe: ______________________________

Ich möchte wissen: ______________________________

Ich vermute: ______________________________

3. Ein Experiment

Ich beschreibe den Versuch:

Einige Tropfen Wasser werden in eine Glasschale gegeben. Die Schale wird mit einer Klarsichtfolie verschlossen. Ich warte circa zehn Minuten.

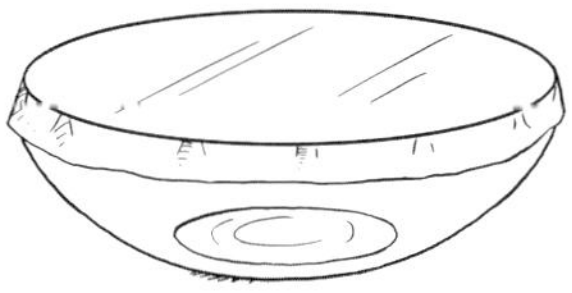

Ich stelle fest: ______________________________

Ich vermute: ______________________________

4. Der Wasserkreislauf

Diese Wörter können dir helfen:

Wolken – Sonne – Regen – Pfütze – flüssiges Wasser – verdunsten / kondensieren – gasförmiges Wasser

Ich beschreibe den Wasserkreislauf:

Wenn Regen fällt, dann bilden sich Pfützen …

Sprachliche Mittel im Sachunterricht: Der Apfel

Beschreiben – Vergleichen – Ordnen – Fachwörter

1. Was ist was? Benenne die Teile des Apfels. Das ist …

die Schale – der Stiel – das Kerngehäuse – der Kern – der Blütenrest – das Fruchtfleisch

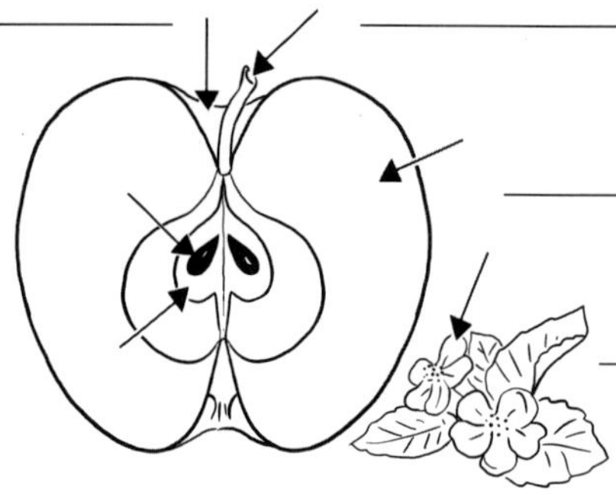

2. Beschreibe und vergleiche. Schreibe die Sätze in dein Heft.

Apfelkerne sind größer / kleiner als Kirschkerne / Zwetschgenkerne / …

Äpfel sind meist kleiner als / so groß wie / größer als Orangen / …

Die Apfelschale ist so glatt wie eine Haut / rot wie … / wie …

Das Fruchtfleisch schmeckt süßsauer / zuckersüß / bitter / …

Im Gehäuse sind Apfelblüten / Kerne / Stiele .

Mit dem Stiel hängt der Apfel an der Leiter / am Baum / am Himmel .

3. Gemüse oder Obst? Ordne zu.

die Karotte / die Banane / der Apfel / die Kirsche / der Salatkopf / die Aubergine / die Zwiebel / der Lauch / die Orange / die Mandarine

Gemüse: ______________________________

____

Obst: ______________________________

____

Sprachliche Mittel im Sport: Das Springseil-Spinnennetz

Erklären

1. Chorsprechen: „Wir halten die Seilenden ganz fest. Unsere Seile überkreuzen sich in der Mitte."

2. Handeln und sprechen. Ein Schüler beginnt: „Ich halte mein Seilende ganz fest. Ich steige über das Seil rechts von mir und schlüpfe unter dem nächsten Seil durch." Dann spricht der nächste Schüler …

3. Wenn alle Schüler an der Reihe waren, werden die Seile abgelegt und das „Spinnennetz" wird betrachtet und beschrieben.

4. Lehrkraft: „Nun sollt ihr das Spinnennetz wieder entflechten. Nehmt die Seilenden und lasst sie nicht los."

5. Chorsprechen: „Wir entflechten unser Spinnennetz." Ein Schüler beginnt: „Ich steige über / schlüpfe unter das Seil rechts / links von mir …"

6. Nach dem Auflösen des Knotens erklären die Schüler in Partnerarbeit die Spielform „Das Springseil – Spinnennetz". Jeweils zwei Schüler tragen ihren Vorschlag für die Spielanleitung vor, die anderen hören zu und geben Tipps zur Verbesserung.

VI Zur Erweiterung der Wortschatzkompetenz

6.1 Wortschatzerweiterung im Unterricht

„Wie heißt Schule auf Rumänisch?", fragt das türkischstämmige Mädchen ihre Banknachbarin, deren Eltern aus Rumänien stammen. Bereitwillig gibt die Mitschülerin Auskunft und so werden auch andere Wörter in Deutsch, Türkisch und Rumänisch verglichen.

Lernende einer neuen Sprache beginnen mit einzelnen Wörtern der Fremdsprache. Damit versuchen sie, mit den Sprechern dieser Sprache in einen ersten Kontakt zu kommen. Entsprechend nimmt der Erwerb des Wortschatzes beim Erlernen einer neuen Sprache sehr großen Raum ein. „Jede Sprecherin und jeder Sprecher einer Sprache wie des Deutschen verfügt aktiv über Tausende und passiv über Zehntausende von Wörtern. Kommt man mit der gesprochenen Alltagssprache mit einigen Tausend aus, so liegt die Zahl für das Geschriebene schon um ein Vielfaches höher. [...] Man nimmt heute an, dass Kinder im Alter von zwei Jahren durchschnittlich 500 Wörter beherrschen, im Alter von fünf Jahren sind es etwa 3000. Mit der Einschulung beginnt bei den meisten Kindern eine explosionsartige Wortschatzerweiterung, die dazu führt, dass bereits mit sieben Jahren weit über 10 000 Wörter verstanden werden. In Sachen Wortschatz hat man allerdings nie ausgelernt." (Eisenberg/Linke 1996: 21)

Die einzelnen Wörter der deutschen Sprache stehen nicht isoliert nebeneinander, sondern sie sind in ein komplexes Netz von Beziehungen eingebunden. Muttersprachler erwerben den Wortschatz und das Beziehungsnetz im Laufe des Spracherwerbs und gebrauchen die Sprache mehr oder weniger intuitiv richtig. Für Zweitsprachlerner eröffnet sich ein weites Feld des Lernens mit diversen Stolpersteinen. Ein Wort lässt sich als eine akustische Einheit auffassen. Es besteht aus einem oder einer Kombination von Lauten (Phonemen) des Lautsystems der Sprache. Demgegenüber sind Grapheme die kleinsten bedeutungsunterscheidenden Einheiten des Schriftsystems einer Sprache. Morpheme sind die kleinsten Spracheinheiten, denen eine Bedeutung (Inhaltsaspekt, z. B. „Haus") oder eine grammatikalische Funktion (z. B. Mehrzahl bei „Häuser") zugeordnet ist. Alle Ebenen des Sprachsystems wirken zusammen, wobei die morphologische Struktur der meisten deutschen Wörter relativ komplex ist.

Die Formlehre der deutschen Sprache unterscheidet zwischen lexikalischen und grammatischen Wortarten. Während die lexikalischen Wortarten (Verb, Nomen und Adjektiv) etwas über Inhalte aussagen, geben die grammatischen Wortarten (Artikel, Pronomen, Adverb, Präposition, Konjunktion, Zahlwort, Partikel) und die grammatischen Formen Auskunft über die Beziehungen der Inhaltswörter im Satz. Sätze können nicht verstanden und auch nicht korrekt gebildet werden, wenn die grammatische Dimension nicht ausreichend zur Verfügung steht.

Besonders in heterogenen Lerngruppen lernen die Schüler miteinander und voneinander in unterschiedlichen Sozialformen an unterschiedlichen Themen oder Lerngegenständen. Sie erwerben so zielsprachlichen Wortschatz und zielsprachliche Strukturen. Der Erweiterung des individuellen Wortschatzes besonders im Bereich der Inhaltswörter gilt dabei von Schülerseite zunächst das vorrangige Interesse. Da die Zweitsprache vom Lerner interaktiv und ganzheitlich erworben wird, betätigt er sich im „Sprachbad“ der deutschen Sprache aus Situationen heraus rezeptiv als „Wörtersammler“. In Abhängigkeit zur bereits erworbenen Sprachkompetenz wird dieses Vorwissen in kommunikativen Situationen eingebracht. Das Sprachenlernen soll daher auch im Unterricht in möglichst authentischen Situationen erfolgen. Wie lässt sich die individuelle Wortschatzerweiterung der Schüler im Unterricht unterstützen? Hierzu einige Anregungen:

- Den Einsatz und Gebrauch von Wörterbüchern anregen und üben.
- Den Wortschatz in authentischen Lernumgebungen, kommunikativen Situationen und Sprachanwendungen (z. B. das Verfassen von Texten zu unterschiedlichen Themen aus der Lebensrealität der Schüler) erarbeiten und vertiefen.
- Fertigen individueller Karteikarten für die gesammelten Wörter. (s. *Kopiervorlagen*)
- Variationsreiches Arbeiten mit den individuellen Karteikarten anregen.
- Aus situativen Gegebenheiten Aspekte der Wortbildung aufgreifen, reflektieren und verallgemeinern.
- Vorerfahrungen und Vorwissen der Schüler und den neu zu erwerbenden Wortschatz nachhaltig verknüpfen.
- Die Eltern an Elternabenden von der Bedeutung der Sprach- und Lesekompetenz überzeugen und unterstützend wirken.
- Als Lehrkraft ein sprachliches Vorbild sein.
- Zeit für das Vorlesen und Nacherzählen von Geschichten einräumen und bei den Schülern die Freude an narrativen Texten entwickeln. (s. *Kopiervorlagen*)
- Zu Bildern und Bildgeschichten sprechen.
- Bei den Schülern Freude an Wortschöpfungen und Wendungen in der Zielsprache Deutsch vermitteln und entwickeln.
- Arrangieren, dass Schüler anderen Schülern oder Eltern etwas vorstellen (z. B. Kinderbücher in ihrer Muttersprache, Bilder aus dem Herkunftsland ihrer Eltern oder Großeltern, Gegenstände usw.).
- Organisieren, dass Schüler Entwürfe und Skizzen „redaktionell“ überarbeiten, bevor sie „veröffentlicht“ werden.
- Den Fachwortschatz zu jedem Fach „gesammelt“ und z. B. als Aushang (Wörter der Woche) im Klassenzimmer präsentieren.
- Die Schüler dazu anregen, mit den gesammelten Wörtern Sätze oder Texte (Reizwortgeschichten) zu verfassen.
- Auch den Wortschatz der nichtdeutschen Muttersprachen würdigen (z. B. Aushänge gestalten, Begrüßungsformen einüben, Lieder, Gedichte usw.).
- Das Schreiben zur Festigung der Wortbilder einsetzen sowie für die Vorbereitung mündlicher Äußerungen und zur Strukturierung von Gedanken nutzen.
- Diverse Spielformen zur Erarbeitung, Vertiefung und Übung des Wortschatzes nutzen. (s. *Kopiervorlagen*)
- Dafür sorgen, dass Schüler das „Wörtersammeln“ für sich als bedeutsam erachten und selbstständig praktizieren.

6.2 *Kopiervorlagen* „Wortschatzarbeit“

N O M E N *(Namenwort)*

- **Das neue Wort mit Artikel** *(z. B. das Haus)*: ______________________

- **Mehrzahl** *(z. B. die Häuser)*: ______________________

- **Zeichnung zum Wort:**

- **Zwei Sätze mit dem Wort** *(z. B. Das Haus hat viele Fenster.)*:

- **Das Wort in anderen Sprachen** *(z. B. franz.: la maison)*:

- **Zusammensetzungen** *(z. B. die Hausfrau, die Haustür)*:

ADJEKTIV *(Eigenschaftswort)*

- **Das neue Wort** *(z. B. schnell)*:
- **Das Gegenteil** *(z. B. langsam)*:
- **Steigerungen** *(z. B. schnell – schneller – am schnellsten)*:
- **Zwei Sätze mit dem Wort** *(z. B. Das Auto fährt schnell.)*:
- **Das Wort in anderen Sprachen** *(z. B. ital.: rapido)*:
- **Zusammensetzungen** *(z. B. blitzschnell, der Schnellkochtopf)*:

V E R B *(Zeitwort)*

- **Das neue Wort** *(z. B. fahren)*: ______________________________

- **Personalformen** *(z. B. ich fahre, du fährst, …)*:

- **Präteritum** *(z. B. ich fuhr, du fuhrst, …)*:

- **Perfekt** *(z. B. ich bin gefahren, …)*:

- **Zwei Sätze mit dem Wort** *(z. B. Ich fahre mit dem Fahrrad.)*:

- **Das Wort in anderen Sprachen** *(z. B. engl.: drive/ride)*:

- **Zusammensetzungen** *(z. B. der Fahrstuhl)*:

Vorlesen und Nacherzählen

Unterrichtsvorschlag

Die Lehrkraft liest den folgenden Text laut vor:

Sympathisch

Zwei Männer sitzen in einem Café in Nürnberg und schauen auf die vielen Besucher, die zum Hauptmarkt laufen. Ein Gruppe Japaner läuft gerade vorbei.

„Sind Ihnen die Japaner sympathisch?“, fragt der eine.
„Nein“, antwortet der zweite Mann mit Nachdruck.

„Sind Ihnen die Franzosen sympathisch?“ will nun der erste wissen.
„Nein“, entgegnet der andere mit der gleichen Lautstärke.

„Die Engländer?“ – „Nein!“
„Die Russen?“ – „Nein!“
„Die Italiener?“ – „Nein!“
„Die Deutschen?“ – „Nein! Die schon gar nicht!“

Eine Pause entsteht und der erste Mann rührt verlegen in seinem Kaffee.

„Wer ist Ihnen denn sympathisch?“, fragt er vorsichtig.
„Meine Freunde“, kommt ohne Zögern die Antwort.

Richtig oder falsch?

Die Lehrkraft liest, die Schüler stehen bei falschen Aussagen auf.

- *Zwei Männer sitzen in einem Café in Hamburg.*
- *Eine Gruppe Japaner kommt gerade vorbei.*
- *Der eine fragt: „Sind Ihnen die Japaner sympathisch?“*
- *Der andere antwortet: „Ja.“*
- *Der eine fragt, ob dem anderen die Engländer, Russen und Deutschen sympathisch sind.*
- *Der andere antwortet immer mit „Ja.“*
- *Dem anderen ist niemand sympathisch.*

- Die Lehrkraft liest den Vorlesetext nochmals.
- Die Schüler üben das Nacherzählen in Partnerarbeit.
- Die Lehrkraft liest nochmals vor. Meinungsverschiedenheiten werden geklärt.
- Einzelne Schüler erzählen die Geschichte vor der Klasse.
- Ein Unterrichtsgespräch zur Aussage des Textes schließt die Stunde ab.

Spielformen zur Wortschatzarbeit I

Kofferpacken

Die Schüler sitzen im Stuhlkreis. In der Mitte liegen Bildkarten und ein geöffneter Koffer. Der Reihe nach nehmen die Schüler Bildkarten und sprechen dazu: „Das ist der Ball." – „Der Ball ist jetzt im Koffer." Oder in der fortgeschrittenen Variante: „Ich lege den Ball in den Koffer."

Wörter erraten

Jeder Schüler bekommt von der Lehrkraft ein Wort auf den Rücken geklebt, das er erraten muss, z. B. „das Auto". Fragemuster: „Bin ich lebendig?" Die Schüler laufen durcheinander und befragen sich. Bei „Ja" dürfen sie weiter fragen, bei „Nein" müssen sie zum nächsten Schüler gehen.

Mein rechter Platz

Die Schüler sitzen im Stuhlkreis und erhalten unterschiedliche Bildkarten, die sie sich gegenseitig zeigen. Ein Stuhl bleibt leer. Der Schüler links davon beginnt: „Mein rechter, rechter Platz ist leer, ich wünsche mir *bspw. das Auto* her!"

Ich sehe was

Bildkarten und Gegenstände werden in den Stuhlkreis gelegt. Ein Schüler beginnt: „Ich sehe was, was du nicht siehst und das ist *bspw. rund*!"

Was fehlt?

Gegenstände und Bildkarten liegen im Stuhlkreis. Im Chor werden zunächst die Objekte benannt. „Das ist *z. B. der Schuh.*" Dann verlässt ein Schüler den Raum und eine Bildkarte oder ein Gegenstand wird entfernt. Der Schüler kommt zurück, schaut und antwortet auf die Fragen: „Was fehlt?" – „*Bspw. das Lineal* fehlt."

Spielformen zur Wortschatzarbeit II

Silbenrätsel

In Silben zerlegt werden einzelne Wörter an die Tafel geschrieben. Die Schüler lesen und schreiben die zusammengesetzten Wörter auf. Bei Nomen fügen sie den Artikel hinzu. Es ergeben sich evtl. Mehrfachverwendungen.

z. B.: blu – blü – gar – hen – me – ro – se – se – ten – wie

Die Schüler schreiben: *die Blume – die Blüte – der Garten – blühen – die Rose*

Oberbegriffe finden

Die Lehrkraft nennt Wortgruppen wie z. B. „die Hose, die Jacke, der Hase, der Hut“ und fragt: „Was passt nicht?“

Die Schüler antworten z. B. „der Hase“ und begründen.

Die Oberbegriffe, hier: „Kleidung“, werden an die Tafel geschrieben. Anschließend suchen die Schüler weitere Wörter zu den Oberbegriffen.

Wortkette

Die Lehrkraft teilt mit, dass das jeweils folgende Wort mit dem Endbuchstaben des vorherigen Wortes beginnen muss. Bei Nomen wird jeweils der Artikel mit genannt. Wer kein Wort weiß, scheidet aus. Sieger ist, wer zum Schluss übrig bleibt.

Z. B. der Rasen – die Nase – essen – die Note – der Esel – …

Sätze bilden

Die Schüler sitzen im Stuhlkreis. Die Lehrkraft hat einen Ball. Sie nennt ein Wort und wirft einem Schüler den Ball zu. Dieser muss mit dem Wort einen Satz bilden.

6.3 Wortfamilien und Wortfeldern

„Gute Verbesserung!“, wünscht ein Zweitsprachlerner seiner Lehrerin nach einer Niesattacke und erhält ein freundliches Lächeln und ein „Danke.“ Mit zunehmendem Erwerb der Zweitsprache Deutsch begegnen den Schülern immer mehr gleich oder ähnlich klingende Wörter, die sie in den diversen sprachlichen Situationen versuchen, richtig zu verwenden. Im Unterricht angebotene Übungen zu Wortfamilien und zu Wortfeldern können hier helfen, dass Schüler für sich Klarheit schaffen und ihre Sprachsensibilität entwickeln.

Wortfamilien

Wörter mit gleichen oder ähnlichen Wortstämmen, die auf dieselbe sprachgeschichtliche Wurzel zurückgehen, werden als „Wortfamilien“ bezeichnet. Viele der Mitglieder einer Wortfamilie haben heute keinen ersichtlichen bedeutungsmäßigen Zusammenhang mehr.

Durch Übungen zu Wortfamilien wird dies den Schülern an diversen Beispielen bewusst. Ihr Wortschatz wird erweitert und eine gewisse Skepsis gegenüber vorschnellen Bedeutungszuordnungen wird aufgebaut. So lernen die Schüler, dass die Bedeutungen der Wörter einer Wortfamilie auf der Ebene des „begrifflichen Gedächtnisses“ wie Wortschöpfungen neu gelernt werden müssen. Allerdings erfolgt auf der Ebene des „Wortgedächtnisses“ durch die Neukombination schon bekannter Wortbausteine Entlastung. Missverständnisse sind allerdings nie ausgeschlossen.

Wortfelder

Wörter, die auf der Ebene der Wortbedeutung eines oder mehrere Merkmale gemeinsam haben, sich aber auch in einem Teil der Merkmale unterscheiden, gehören zu einem „Wortfeld“. Die Wörter eines Wortfeldes gehören einer Wortart an und haben eine gewisse Bedeutungsähnlichkeit. Durch Einsetzübungen in Sätzen und bei Ordnungsübungen zu Wortgruppen werden die Schüler auf die Merkmalsunterschiede und -gemeinsamkeiten aufmerksam. Auch werden sprachliche Sensibilität, Flexibilität und assoziative Fähigkeiten dadurch entwickelt. Die Schüler lernen, den Kontext des Satzes bzw. des Textes zu berücksichtigen. Diverse Übungen zu Wortfamilien (fahren, sagen, schlagen, fliegen, legen, fallen, bieten, geben, zählen) und Wortfeldern (fahren/gehen, klug/dumm, laut/leise) finden sich in *Das Wortschatz-Training. Kleine Geschichten mit systematischen Übungen* von K. Vogel (Persen Verlag 2014).

6.4 *Kopiervorlagen* „Wortfamilien und Wortfelder“

Zur Wortfamilie „halten“

1. Welche Wörter kannst du bilden? Schreibe die neuen Wörter auf:

an-		anhalten
auf-		________________
aus-	-halten	________________
be-		________________
unter-		________________

2. Vorsilben verändern oft die Bedeutung. Setze die passenden Wörter ein.

Beispiel: An der Haltestelle muss der Bus anhalten.

a) Elif kann sich mit Noah gut ________________.

b) Der Polizist will den Dieb ________________.

c) Murat kann die Zahnschmerzen nicht mehr ________________.

d) Ana gibt Sarah einen Stift und sagt: „Der ist geschenkt. Du darfst ihn

________________.“

3. Zur Wortfamilie „halten“ gehören auch Nomen. Schreibe Sätze.

die Haltestelle – der Behälter – der Inhalt – der Kerzenhalter – das Verhalten

Beispiel: Der Bus hält an der Haltestelle an.

____

____

____

Zum Wortfeld „sehen“

1. Lies die Sätze und unterstreiche jeweils das passende Wort.

Im Zoo

a) Samiras Vater (schaut / gafft / glotzt) auf die Uhr.

b) „Höchste Zeit, dass wir losgehen. Sonst können wir die Raubtiere nicht mehr bei der Fütterung (erkennen / beobachten / wahrnehmen).

c) Am Eingang des Zoos (stiert / schielt / blickt) Samira auf den Lageplan und sucht das Raubtierhaus.

d) Viele Besucher sind schon dort und (erkennen / betrachten / besichtigen) die Tiger, wie sie die Fleischbrocken verschlingen.

e) Samira ekelt sich. Sie hält sich die Hände vor die Augen und (gafft / linst / starrt) wie gebannt durch die Finger.

f) „Du solltest heute Abend kommen“, meint ihr Vater und (zwinkert / späht / stiert) mit den Augen. „Da gibt es für die Tiger Erdbeereis mit Schlagsahne.“

2. Schreibe alle Wörter des Wortfeldes „sehen“ in der Grundform auf.

schauen, ______________________________

____

____

3. Schreibe passende Sätze mit den Wörtern des Wortfeldes „sehen“.

Beispiel: Im Bus glotzen viele Menschen nur noch auf ihr Handy.

____

____

____

____

____

6.5 Wortbildung im Deutschen

Bei einer von der Süddeutschen Zeitung durchgeführten Befragung prominenter Fremdsprachler, die in Deutschland leben, äußerte ein Fußballprofi, der in Ghana geboren ist: „In Beipackzetteln von Medikamenten gab es immer wieder Wörter, mit denen ich nichts anfangen konnte: Schlaflosigkeit war so ein Wort. Schlaf, okay, das kannte ich. Aber was bitte ist „Losigkeit"? Das findet man ja auch in keinem Wörterbuch!" (SZ-Magazin Nr. 30, 2009: 14). Der Wortschatz einer Sprache verändert sich ständig. Neue Wörter kommen in Umlauf. Sie kommen aus anderen Sprachen oder werden aus Elementen bestehender Wörter neu gebildet. Manchen Wörtern werden auch neue und andere Bedeutungen zugeordnet. Wieder andere Wörter geraten in Vergessenheit und verschwinden langsam aus dem aktiven Wortschatz der Sprachgemeinschaft. Die Ursachen hierfür sind vielfältig.

Sowohl bei Wortschatzübungen als auch bei den Übungen mit Wortfamilien und Wortfeldern lernen die Schüler viele Wörter kennen, die aus Wortbausteinen, die ihnen bereits bekannt sind, gebildet werden. Übungen zu Wortbildungen sind eine weitere Möglichkeit, den Wortschatz der Schüler in der Zweitsprache Deutsch zu vernetzen, sodass er leichter erworben und behalten werden kann. Im Folgenden einige Anmerkungen zu den wesentlichen Varianten der Wortbildung im Deutschen:

Man unterscheidet bei der Wortbildung Derivation (Ableitung), Komposition (Zusammensetzung) und Konversion (grammatische Umsetzung in eine andere Wortart, bspw. tragen – tragend, sagen – das Sagen, schön – verschönern). Durch die Kombination von Grundmorphemen mit einer Vorsilbe (Präfixderivation, z. B. <u>Un</u>kraut), einer Nachsilbe (Suffixderivation, z. B. krank<u>haft</u>) oder beidem (Zirkumfixderivation, wie z. B. beherzigen) werden im Deutschen eine Vielzahl neuer Nomen, Verben und Adjektive gebildet. Neben den Ableitungen kommen durch Wortzusammensetzungen (Komposition) noch unzählige weitere Wörter hinzu. Bei den Kompositionen werden selbstständige Wörter zu einem neuen Wort verbunden. Häufig wird dabei ein Grundwort durch ein Bestimmungswort näher bestimmt (z. B. das Grundwort „Tasche" in „Schul-tasche"). Eine Umkehrung von Grund- und Bestimmungswort führt zu einem Wort mit anderer Bedeutung (z. B. der Gesprächs-partner, das Partner-gespräch). Bei den Wortbildungen durch Komposition werden manchmal Fugenelemente eingefügt (z. B. Gespräch<u>s</u>-partner) oder Auslaute getilgt (z. B. Schule + Hof = Schulhof).

Bei der Vielzahl der Möglichkeiten, Wörter im Deutschen zu bilden, empfiehlt es sich, im Unterricht Situationen aufzugreifen, in denen Schüler über Wörter bzw. Wortbildungen „stolpern". Das Sammeln von Analogien und Ausnahmen kann im Laufe der Zeit zu einer Sensibilisierung für die deutsche Sprache führen und damit dem Spracherwerb dienen.

Diverse Übungen zu Wortbildungen (z. B. zusammengesetzte Nomen, Ableitungen mit unterschiedlichen Nachsilben und/oder Vorsilben, „Bandwurmwörtern") finden sich in *Das Wortschatz-Training. Kleine Geschichten mit systematischen Übungen* von K. Vogel (Persen Verlag 2014).

6.6 *Kopiervorlagen* „Wortbildungen"

Wortbildung mit „-losigkeit"

Ein aus Ghana stammender Fußballprofi erzählte über sein Deutschlernen:
„In Beipackzetteln von Medikamenten gab es immer wieder Wörter, mit denen ich nichts anfangen konnte: Schlaflosigkeit war so ein Wort. Schlaf, okay, das kannte ich. Aber was bitte ist „Losigkeit"? Das findet man ja auch in keinem Wörterbuch!"

1. Lies den Text. Schreibe dann zu den Nomen in der Tabelle die passenden Verben und Adjektive.

Nomen	Verb	Adjektiv mit -los
die Schlaflosigkeit	schlafen	schlaflos
die Hilflosigkeit		
die Ratlosigkeit		
die Regellosigkeit		
die Furchtlosigkeit		
die Gedankenlosigkeit		
die Hoffnungslosigkeit		

2. Erkläre deinem Mitschüler die Nomen aus der Tabelle.

3. Schreibe Sätze mit den Wörtern aus der Tabelle.

Beispiel: Wer nicht schlafen kann, ist schlaflos. Er leidet an Schlaflosigkeit.

Wortbildung durch zusammengesetzte Nomen

1. Welche Berufe findest du? Ordne die Nomen richtig zu.

1) Bank	a) Ärztin
2) Brief	b) Decker
3) Bus	c) Fachmann
4) Dach	d) Fahrerin
5) Fuß	e) Forscherin
6) Hotel	f) Gärtnerin
7) Kinder	g) Kauffrau
8) Möbel	h) Pfleger
9) Nerven	i) Schreiner
10) Tier	j) Trägerin

2. Schreibe die Berufe auf.

die Bankkauffrau, ________________________________

____

____

3. Schreibe Sätze mit den zusammengesetzten Nomen.

Beispiel: Eine Bankkauffrau arbeitet in einer Bank oder Sparkasse.

____

____

____

____

____

6.7 Mehrdeutigkeit und sprachliche Bilder

„Weißt du denn nicht mehr, was du auf hattest?“, fragte die Lehrerin, die Murats Hausaufgaben kontrollieren wollte. „Doch“, antwortete dieser und lächelte stolz. „Mein FC-Bayern-Käppi.“ Mehrdeutigkeiten und Wortspiele liefern die Pointe für viele Witze und Späße und sollten daher auch Zweitsprachlernern nicht vorenthalten bleiben, denn bereits sehr früh entdecken sie im „Sprachbad“ der neuen Sprache, dass manche Wörter je nach Situation unterschiedliche Bedeutungen haben. Sie merken schnell, dass ein Buch, aber auch ein Laubbaum Blätter hat, oder dass man sich auf eine Bank setzen oder diese für eine Geldanlage nutzen kann. Es gilt zu unterscheiden zwischen Homonymen und Synonymen.

Ein sprachlicher Ausdruck, der für verschiedene Bedeutungen bzw. Begriffe steht, wird als Homonym in lexikalischer Hinsicht bezeichnet (z. B. die Blüte: Blüte einer Pflanze oder Falschgeld). Wobei es homographe Homonyme gibt (z. B. die Angel: Türscharnier oder Gerät zum Fangen von Fischen) und homophone Homonyme (z. B. die Lerche als Vogel und die Lärche als Baum.) Manche homographen Homonyme unterscheiden sich wiederum in Aussprache (z. B. die Montage / der Zusammenbau oder die Montage / die Mehrzahl von Montag) oder Betonung (die Hochzeit / die Vermählung oder die Hochzeit / der Höhepunkt). Als Synonyme hingegen bezeichnet man sprachliche oder lexikalische Ausdrücke für denselben Begriff bzw. die gleiche oder eine sehr ähnliche Bedeutung (z. B. die Orange, die Apfelsine). Wobei es auch hier Abstufungen in der Bewertung (z. B. das Pferd – der Gaul) oder in regionaler Hinsicht gibt (z. B. der Schlachter / norddeutsch – der Metzger / süddeutsch).

Ein weiterer umfangreicher Bereich sind Redewendungen, übertragene Bedeutungen und sprachliche Bilder. Sie sind wesentliche Bestandteile einer jeden Sprache und ein Bereich des lebenslangen Sprachlernens. Der Erwerb erfolgt auch bei Muttersprachlern vorrangig über das Lesen. Zweitsprachlerner zu motivieren und dazu zu bringen, dass ihnen das Lesen ein Bedürfnis wird, auch und vor allem das Lesen von Kinder- und Jugendliteratur in deutscher Sprache, sollte ein wesentliches Ziel des Unterrichts sein. Beim Vorlesen literarischer Texte im Unterricht wird es möglich, sprachliche Besonderheiten der deutschen Sprache aufzugreifen, gemeinsam zu reflektieren und so eine Grundlage für die individuelle Wortschatzerweiterung zu schaffen. Denn das Lesen lernt man nur, indem man liest – gemeinsam oder alleine für sich. Diverse Übungen zu Mehrdeutigkeiten, gleichklingenden und ähnlich klingenden Wörtern sowie Redewendungen finden sich in *Das Wortschatz-Training. Kleine Geschichten mit systematischen Übungen* von K. Vogel (Persen Verlag 2014).

6.8 *Kopiervorlagen* „Mehrdeutigkeit und Redewendungen"

Wörter mit mehreren Bedeutungen

Teekesselchen-Raten

„Mein Teekesselchen ist manchmal verstimmt", sagt Sibel.

„Und mein Teekesselchen ist ein Teil eines Tieres", meint Elif.

„Mein Teekesselchen hat Tasten," fährt Sibel fort.

„Und mein Teekesselchen hat Federn," ergänzt Elif.

Die Schüler überlegen. Dann ruft Hatice: „Das ist der Flügel. Ein Flügel ist ein Teil eines Vogels. Ein Flügel kann aber auch ein Musikinstrument sein. So ähnlich wie ein Klavier."

1. **Lies den Text. Überlege dann mit einem Mitschüler Aussagen zu den Wörtern unten und schreibt sie auf. Aber Vorsicht: Verratet nicht sofort alles!**

   die Bremse: ein Insekt / ein Teil eines Fahrzeuges

   die Dame: eine Frau / eine Figur beim Schachspiel

   die Dichtung: ein Gedicht / ein Abdichtungsring aus Gummi

   die Flasche: eine Glasflasche / einer, der nichts zuwege bringt, ein Versager

   die Brücke: eine Turnübung / eine Vorrichtung, um einen Fluss zu überqueren

   der Schimmel: ein weißes Pferd / ein Belag auf Lebensmitteln

   der Schuppen: ein Gebäude zum Abstellen von Dingen / trockene Kopfhaut

   die Scheibe: Fensterscheibe / Brotscheibe

   die Hose: Kleidungsstück / Wirbelwind (Windhose)

   der Löffel: Teil des Bestecks / Ohr des Hasen

2. **Lest eure „Teekesselchen" vor und lasst eure Mitschüler raten.**

Redewendungen und ihre Bedeutung

Was bedeutet das? Schreibe die passenden Erklärungen aus dem Kasten zu den unterstrichenen Redewendungen.

Er würde verlieren. / Sie konnten ihn nicht leiden. / ~~Er war so aufgeregt, dass er nicht reden konnte~~. / Er traute sich nicht. / Er wusste, dass er mit ihnen nicht gut auskam. / Er würde scheitern.

a) Peter wollte im Stuhlkreis von seinem Wochenende erzählen, doch er hatte plötzlich einen Frosch im Hals.

Beispiel: Er war so aufgeregt, dass er nicht reden konnte.

b) Peter traute sich nicht in den Hof, denn dort spielten Murat und Fritz Fußball. Er wusste, dass mit den beiden nicht gut Kirschenessen ist.

____

c) Murat und Fritz hatten Peter auf dem Kieker.

____

d) Peter wagte sich nicht in die Höhle des Löwen und blieb in seinem Zimmer.

____

e) Peter wusste, dass er bei einem Streit den Kürzeren ziehen würde.

____

f) Peter hatte Angst, dass jeder Versuch, Freundschaft zu schließen, in die Binsen gehen würde.

____

VII Zur Erweiterung der syntaktischen Kompetenz

7.1 Deutsche Sprache – schwere Sprache

Kinder, die ihre Muttersprache erwerben, lernen neben den mehr als tausend Begriffen auch, die Wörter rasend schnell in eine sinnstiftende Reihenfolge zu ordnen. Das grammatische Gefüge der Muttersprache bzw. Umgebungssprache mit seinen Hunderten von Gesetzmäßigkeiten und Ausnahmen wird in kürzester Zeit erworben und angewandt. Die Mehrzahl der Zweitsprachlerner hat diesen Spracherwerbsprozess in der Muttersprache bereits durchlaufen. Doch ist die sinnstiftende Ordnung der Wörter in jeder Sprache anders. D. h. die Zweitsprachlerner verfügen über eine syntaktische Kompetenz, die sich nicht oder nur teilweise auf die deutsche Sprache anwenden lässt. In der Schule kommt noch hinzu, dass von den Schülern in hohem Maße die Auseinandersetzung mit konzeptioneller Schriftlichkeit, mit Schul- und Bildungssprache gefordert wird. Diese unterscheidet sich nicht nur im Wortschatz von der konzeptionellen Mündlichkeit, welche auch von den deutschen Muttersprachlern in die Schule mitgebracht wird. Je nachdem, ob einem Kind in der Vorschulzeit mehr oder weniger vorgelesen wurde, sind die Voraussetzungen für den Erwerb der konzeptionellen Schriftlichkeit sehr unterschiedlich. Für manche Kinder, auch für Muttersprachler, entspricht der Erwerb der konzeptionellen Schriftlichkeit bzw. der Schulsprache dem Erwerb einer Fremdsprache.

Konzeptionelle Mündlichkeit ist dialogisch, interaktiv und spontan. Sie weist in der Face-to-Face-Interaktion weniger komplexe Satzstrukturen auf und bevorzugt Wörter wie „hier", „jetzt", „nun" und „dann". Lexikalische Begriffe werden oft durch Zeigegesten ersetzt. Konzeptionelle Schriftlichkeit hingegen ist durch „eine höhere Kompaktheit, Integration, Komplexität, Elaboriertheit, Planung und Informationsdichte" (Günter 1997, zit. nach Kniffka/Siebert/Ott 2009: 29) gekennzeichnet. Schüler erwerben die Schreibkompetenz individuell in einem mehrjährigen Prozess, indem sie unterschiedliche Schreibstile durchlaufen, die aufeinander aufbauen. (vgl. Spitta 1992) Die Entwicklung vom assoziativen Schreiben über das zunehmend normbewusstere bis zum kommunikativen Schreiben wird durch die Beschäftigung mit konzeptioneller Schriftlichkeit sowohl in rezeptiver als auch in produktiver Weise gefördert. Bei den unterschiedlichen Wörtern, die in der deutschen Sprache eine sinnstiftende Einheit bilden, spielen für das Verständnis deutscher Sätze die Verben eine ganz besondere Rolle.

Genießen Sie z. B. mit den Ohren von Zweitsprachlernern die folgenden zwei Sätze:

1) Am Abend eines langen Tages brachte der Hobbygeflügelzüchter seine Hähne, von denen einige wertvolle Preise gewonnen hatten, in seinem Lieferwagen um.

2) Der neue Schüler nickte im Unterricht der Klassenlehrerin, die ihm gerade eine Frage gestellt hatte, freundlich lächelnd ein.

Nicht umsonst klagte Mark Twain und mit ihm viele Lerner über die im Deutschen häufige Verbklammer. Wie Germanisten gezählt haben, findet sich die Verbklammer bei ca. zwei Dritteln der Sätze im Deutschen. Wobei sich drei Gruppen von Verbklammern unterscheiden lassen: A) die Lexikalklammer bei Verben, die getrennt werden: Metin trägt das Gedicht vor.

B) die Grammatikalklammer bei Modalverben: Dennis will morgen mitkommen. Marion ist heute abgefahren. C) die Kopulaklammer: Elif ist eine gute Schülerin. Besondere Schwierigkeit bereitet die Lexikalklammer, da den Lernern oft nicht klar ist, ob es sich um trennbare oder untrennbare Verben handelt (z. B. ankommen, weggehen, bekommen, vergehen). Werden Sätze mit Nebensätzen erweitert, so schafft die Verbletztstellung im Nebensatz eine weitere syntaktische Herausforderung. (z. B. Paul geht jetzt. Er muss jetzt gehen, weil er sonst zu spät kommt.) Bei der Mehrzahl der Muttersprachler ist der Gebrauch der vielfältigen Varianten des Verbs mit dem Schuleintritt weitgehend abgeschlossen. Bei Zweitsprachlernern gilt es, mit viel Geduld deren Sprachsensibilität zu entwickeln. Übungen mit Umstell- und Erweiterungsproben sind hier sehr hilfreich. Die Umstellproben verschaffen den Schülern zudem eine Sensibilität für den relativ flexiblen Umgang mit den Satzgliedern. Hier haben wir ein weiteres besonderes Merkmal der deutschen Schriftsprache. Hinzu kommt, wie es sich auch bei anderen europäischen Sprachen findet, dass besonders die gebrauchshäufigen Verben stark konjugiert werden (z. B. denken, essen, geben, lesen, schlafen, schreiben, sprechen). Die beim erzählenden Schreiben geforderten Präteritumsformen der Verben sind allerdings auch vielen lesefernen Muttersprachlern nicht geläufig. Für den Unterricht bedeutet dies, dass den Schülern vielfältige Möglichkeiten geboten werden sollten, sich rezeptiv und produktiv mit Schriftsprache auseinanderzusetzen. Der Erwerb und die Festigung grammatikalischer Begrifflichkeit sind dabei nachrangig.

7.2 Übungsvarianten zu Satzgliedern

Beim Lesen und beim Schreiben setzen sich die Schüler mit Schriftsprache auseinander. Sie wollen aus Geschriebenem etwas erfahren bzw. schreibend etwas mitteilen, d. h. sie rezipieren und produzieren Texte. Dabei stoßen sie auf Sätze, in denen Wörter sinnstiftend verbunden sind. Bei den unterschiedlichen Möglichkeiten, im Deutschen syntaktisch richtige Sätze zu bilden, kommt den Satzgliedern eine besondere Bedeutung zu. Sie zu erkennen, zu bestimmen, umzustellen, zu ersetzen, zu erweitern oder wegzulassen sind daher hilfreiche Übungen, um die syntaktische Kompetenz der Schüler zu erweitern. Am Satz „Der Vater bringt Elif in die Schule“ können die Übungsvarianten beispielhaft gezeigt werden:

Umstellprobe: Die Stellung der Satzglieder wird verändert.

Elif / bringt / der Vater / in die Schule. (nicht Murat)

In die Schule / bringt / der Vater / Elif. (nicht zum Bahnhof)

Bringt / der Vater / Elif / in die Schule? (Frage)

Ersatzprobe: Einzelne Satzglieder werden ersetzt.

Der Vater / bringt / Elif / in die Schule.

Er / bringt / Elif / in die Schule.

Er / bringt / sie / in die Schule.

Er / bringt / sie / hin.

Weglassprobe: Einzelne Satzglieder werden weggelassen.

Der Vater / bringt / Elif / in die Schule.

Der Vater / bringt / Elif.

Erweiterungsprobe: Einzelne Satzglieder werden erweitert.

Der Vater / bringt / Elif / in die Schule.

Der ängstliche Vater / bringt / Elif, die den Weg nicht kennt, / in die neue Schule am Rathaus.

Zur Klassifikation der Satzglieder und damit zur Entschlüsselung des manchmal unübersichtlichen Satzgebildes sind zwei Fragen grundlegend: 1) Wer macht etwas? Dies führt zum Subjekt der Handlung. 2) Was wird gemacht? Dies führt zum Prädikat. Hat der Leser Subjekt und Prädikat erkannt, kann er die anderen Satzglieder zuordnen und sich so den Sinn erschließen. Diverse Übungen zu Wort- und Satzgrenzen, Umstell- und Erweiterungsproben sowie Aussage- und Fragesätzen finden sich in *Das Satzbau-Training. Kleine Geschichten mit systematischen Übungen zur Satzstruktur* von K. Vogel (Persen Verlag 2013).

7.3 *Kopiervorlagen* „Satzbau: Satzglieder"

Wort- und Satzgrenzen / Satzzeichen setzen

1. Versuche den Text im Kasten zu lesen. Setze im unteren Teil Striche zwischen die Wörter.

Welche Sprache sprechen Kartoffeln?

Eine Hausfrau betritt einen Gemüseladen. Sie will Kartoffeln kaufen. Auf dem Preisschild steht: Kartoffeln aus Holland.

DIEHAUSFRAUFRAGTDENVERKÄUFER:HABENSIEKEINE

DEUTSCHENKARTOFFELNDERVERKÄUFERANTWORTET:WOLLEN

SIEDIEKARTOFFELNESSENODERWOLLENSIEMITDENKARTOFFELN

REDEN

2. Setze Doppelstriche zwischen die Sätze.

3. Schreibe den unteren Teil des Textes ab. Achte dabei auf die Rechtschreibung und die Zeichensetzung.

Satzglieder / Umstellprobe

Hausfrau **Gemüseladen** **einen** **eine** **betritt**

**a) Bringe die Wörter in eine sinnvolle Reihenfolge und schreibe den Satz auf.
Achtung: Satzzeichen nicht vergessen!**

____

b) Stelle den Satz um. Beginne so:

- Einen Gemüseladen ____________________________.
- Eine Hausfrau ____________________________.
- Betritt ____________________________?

c) Stelle auch die folgenden Sätze um.

- Auf dem Preisschild steht „Kartoffeln aus Holland".

____

____

- Den Verkäufer fragt die Hausfrau.

____

____

d) Warum möchte die Hausfrau „deutsche Kartoffeln"? Schreibe auf.

____

____

____

e) Vergleicht in Gruppen eure Meinungen und sprecht darüber.

Satzglieder / Satz des Tages

Unterrichtsvorschlag

1. Die Lehrkraft schreibt z. B. *lesen* auf die Tafel.

- Die Schüler nennen die Personalformen: *ich lese; du liest; er liest* usw.
- Die Personalformen im Präteritum werden wiederholt.
- Es folgen die Personalformen im Perfekt und im Futur.

2. Die Lehrkraft schreibt: *Ich lese …*

- Die Schüler ergänzen: *ein Buch, die Zeitung, eine Zeitschrift* usw.
- Der Satz wird in unterschiedlichen Personalformen und Zeiten artikuliert.

3. Der Satz wird gemeinsam erweitert.

- Zum Beispiel: *Peter las gestern nach dem Abendessen in seinem Zimmer ein spannendes Buch über Indianer.*
- Die Schüler machen weitere Vorschläge.

4. Die Satzglieder werden identifiziert und es werden gemeinsam Umstellproben durchgeführt.

- z. B. *Über Indianer / las / Peter / gestern / ein spannendes Buch / nach dem Abendessen / in seinem Zimmer.*
- z. B. *Gestern / las / Peter / nach dem Abendessen / in seinem Zimmer / ein spannendes Buch / über Indianer.*
- z. B. *Las / Peter / gestern / in seinem Zimmer / nach dem Abendessen / über Indianer / ein spannendes Buch?*

5. Die Wirkung des jeweils 1. Satzgliedes wird herausgestellt.

- z. B. *über Indianer* und nicht *über Haustiere*
- z. B. *Peter* und nicht *Lisa*
- z. B. *nach dem Abendessen* und nicht *am Nachmittag*

7.4 Übungsvarianten zu Satzverbindungen

Versteht man Sätze als stimmig aufeinander bezogene Satzgliedfolgen, so lassen sich einzelne Sätze mittels unterschiedlicher Konjunktionen verbinden. Man unterscheidet hier parataktische (nebenordnende) Verbindungen (Satzreihen) und hypotaktische (unterordnende) Verbindungen (Satzgefüge). Zu den häufigsten Konjunktionen in Satzreihen zählen u. a.:

und: Murat hilft in der Küche, und Elif räumt ihr Zimmer auf.

auch: Murat lernt Gitarre, auch Elif spielt ein Instrument.

aber: Elif spielt Klavier, aber sie möchte auch Gitarre lernen.

weder … noch: Metin spielt weder Gitarre, noch interessiert ihn Musik.

denn: Metin spielt Fußball, denn Sport ist seine Leidenschaft.

doch: Murat treibt auch gerne Sport, doch seine Liebe gehört der Musik.

Wesentlich für Satzgefüge ist, dass das Prädikat des untergeordneten Satzes (Nebensatzes) an letzter Stelle steht. Häufige Konjunktionen in Satzgefügen sind bspw.:

das: Das Fenster, das offen war, fiel zu.

dass: Sibel konnte sich nicht vorstellen, dass es einen Regenschauer gibt.

weil: Das Fenster schlug zu, weil es nicht geschlossen war.

obwohl: Obwohl das Fenster geschlossen war, lief Regenwasser ins Zimmer.

nachdem: Elif spielte Klavier, nachdem sie die Hausaufgaben gemacht hatte.

Anders als beim Vergleich von Inhaltswörtern aus unterschiedlichen Sprachen ist das Nachdenken über Sätze und Verbindungen von Sätzen auf einer anderen, abstrakteren Ebene anzusiedeln. Dass Sätze nicht bloße Wortreihen sind, ist auch den Zweitsprachlernern früh bewusst. Das Hauptaugenmerk gilt allerdings den Inhalten, die transportiert werden. Der Zugang zur Struktur von Sätzen ist daher schwieriger zu vermitteln. Zum Teil liegt das auch daran, dass die Schüler vorwiegend mündlich sprachhandeln, die Grammatik mit ihren Normen allerdings weitgehend aus schriftlicher Sprache entstanden und entwickelt worden ist. „Sprich in ganzen Sätzen!“ ist daher ein höchst fragwürdiger Hinweis. Neben dem Aufbauen und dem zunehmenden Erweitern von Sätzen in deutscher Sprache (s. „Satz des Tages“) kann auch der Vergleich von deutschen Sätzen mit von den Schülern vorgestellten und erläuterten Übersetzungen in ihre Erstsprachen den Blick auf syntaktische Strukturen lenken und das Interesse dafür wecken. Zum Beispiel könnte die Lehrkraft zur Übersetzung folgender authentischer Sätze auffordern:

- Ich gehe in die Schule.
- Wo ist der Bahnhof?
- Schrei nicht so laut!
- Ich bin müde, aber ich kann nicht einschlafen.
- Metin geht nicht in die Schule, weil er krank ist.

Weitere Übungen zum Verbinden von Sätzen finden sich in *Das Satzbau-Training. Kleine Geschichten mit systematischen Übungen zur Satzstruktur* von K. Vogel (Persen Verlag 2013).

7.5 *Kopiervorlagen* „Satzbau: Sätze verbinden“

Wort- und Satzgrenzen / Satzzeichen setzen

1. Versuche den Text im Kasten zu lesen. Setze bei den Sätzen in Großbuchstaben Striche zwischen die Wörter.

Wohlerzogen

Hayrettin ist mit seiner Mutter auf dem Wochenmarkt.

EINVERKÄUFERWILLHAYRETTINEINENAPFELSCHENKENUND

FRAGTIHNWELCHENWILLSTDUDENNHABENHAYRETTINZEIGTAUF

DENGRÖßTENAPFELSEINEMUTTERFASSTIHNANDERSCHULTERUND

SAGTLEISEWENNDUWOHLERZOGENWÄRSTDANNHÄTTESTDUAUF

EINENKLEINENAPFELGEZEIGT –

„Ist man wohlerzogen, wenn man lügt?“, antwortet Hayrettin. Der Verkäufer lacht und gibt Hayrettin den großen Apfel.

2. Setze Doppelstriche zwischen die Sätze.

3. Schreibe die Sätze in Großbuchstaben ab. Achte dabei auf die Rechtschreibung und die Zeichensetzung.

Sätze verbinden: die Bindewörter „weil" und „denn"

Verbinde die Sätze mit den Bindewörtern *denn* und *weil* und schreibe auf.

Beispiel: Elif fährt mit dem Bus zur Schule. Die Schule ist weit entfernt.

Elif fährt mit dem Bus zur Schule, <u>denn</u> die Schule ist weit entfernt.

Elif fährt mit dem Bus zur Schule, <u>weil</u> die Schule weit entfernt ist.

a) Elif macht ihre Hausaufgaben nach dem Essen. Elif will dann spielen.

Bindewort „denn": ______________________________

____

Bindewort „weil": ______________________________

____

b) In den Ferien muss Elif nicht lernen. Elif soll sich ausruhen und erholen.

Bindewort „denn": ______________________________

____

Bindewort „weil": ______________________________

____

c) Elif liest deutsche Kinderbücher. Elif will die Sprache schnell lernen.

Bindewort „denn": ______________________________

____

Bindewort „weil": ______________________________

____

d) Nach den Ferien wurde Elif von der Lehrerin gelobt. Elif war sehr fleißig.

Bindewort „denn": ______________________________

____

Bindewort „weil": ______________________________

____

Satzgefüge zu Hauptsätzen umformen

Bilde so viele Hauptsätze wie möglich und schreibe sie auf.

Beispiel:
Dass Elif, die die erste Klasse in der Türkei besucht hat, nun die zweite Klasse der deutschen Schule besuchen darf, macht ihr viel Spaß.

- Elif hat in der Türkei die erste Klasse besucht.
- Elif besucht nun die zweite Klasse der deutschen Schule.
- Das macht Elif viel Spaß.

a) Das Bild, das Elif gemalt hat, wird im Klassenzimmer aufgehängt, weil es das schönste ist.

____

____

____

b) Bei der Probearbeit, bei der viele Schüler viele Fehler gemacht haben, war Elif die Beste, weil sie fleißig gelernt hatte.

____

____

____

c) Elifs Mutter ging mit ihrer Tochter in den Zoo, weil sie sie dafür belohnen wollte, dass sie so fleißig für die Schule gelernt hatte.

____

____

____

d) Am Schuljahresende erhielt Elif, die die Klassenbeste war, von der Rektorin eine Urkunde und ein Kinderbuch.

____

____

____

VIII Zur Erweiterung der Textkompetenz

8.1 Texte! Texte! Texte!

Mit dem Erwerb der Sprache entwickeln Kinder auch eine zunehmende Kompetenz im Umgang mit mündlichen und schriftlichen Texten. Intuitiv wird so ein Wissen über Merkmale von Textsorten erworben. „Textsorten stellen sich [...] in einer Typologie als idealtypische/prototypische Phänomene dar, als Verallgemeinerungen, die auf Durchschnittserfahrungen (von Sprechern einer bestimmten Kommunikationsgemeinschaft) basieren; sie können daher als globale sprachliche Muster zur Bewältigung spezifischer kommunikativer Aufgaben in bestimmten Situationen umschrieben werden." (Heinemann/Viehweger 1991: 170) Bei unterschiedlichen Textsorten gehen dabei Text-Oberfläche, Text-Tiefenstruktur und textexterne Kriterien, wie z. B. Funktion oder Trägermedium, unterschiedliche Verbindungen ein. Zudem lassen sich viele Textsorten nicht monotypisch kennzeichnen, sondern sind mehrfach zuzuordnen. Mit Blick auf die Zweitsprachlerner und ihre soziale und schulische Situation sollten vor allem für ihre Lebensrealität relevante Textsorten anhand authentischer Textbeispiele behandelt werden.

Textsorten mit dem Schwerpunkt auf der Text-Oberfläche bzw. der Funktion wären z. B. Einladungen (zum Kindergeburtstag, zu Schulfesten usw.), E-Mails mit privatem Charakter (z. B. an die Großmutter, Freunde usw.) sowie Spielanleitungen, Bastelanleitungen oder Rezepte. Neben der kommunikativen Situation ist für die Textproduzenten wie -rezipienten die „Text-Oberfläche" von besonderer Bedeutung. Textsorten, bei denen die Text-Tiefenstruktur bzw. textinterne Merkmale im Vordergrund stehen und besonders im Regelklassenunterricht von Bedeutung sind, wären z. B. Berichte (z. B. Unfall- oder Zeitungsberichte), Beschreibungen (von Gegenständen, Tieren, Personen, Vorgängen usw.), Erzählungen über Erlebnisse sowie Sach- und Fachtexte aus Schul- oder Kindersachbüchern.

Bei literarischen Texten sind zudem noch ästhetische Strukturen der unterschiedlichen Literaturgattungen von Bedeutung. Hier begegnen den Schülern in den Lesebüchern neben Gedichten kurze epische Textsorten wie Fabeln, Märchen oder Kurzprosa.

Bezüglich der Textverknüpfung kommt den Präpositionen, Artikeln, Konjunktionen und anderen „Funktionswörtern" eine ganz besondere Rolle zu. Sie dienen nicht nur der Satzbildung oder -verbindung, sondern sie tragen durch Rückbezüge und Verknüpfungen auch zur Textbildung bei. Da die Variabilität dieser „kleinen Wörter" sehr groß ist, haben Zweitsprachlerner oft Schwierigkeiten, sie wahrzunehmen, zu verstehen und richtig zu verwenden. Während sich „Inhaltswörter" in allen Sprachen finden, unterscheiden sich die Sprachen in der Art und Anzahl ihrer Funktionswörter erheblich. Diese sind daher für die Lerner eine besondere Herausforderung. Sie zu verstehen ist für das Verstehen von Texten unverzichtbar. Je nach Textsorte sind die textorganisierenden Funktionswörter unterschiedlich. In argumentativen Texten finden sich z. B. einerseits – andererseits; allerdings; obgleich; obwohl; aber usw. Erzählende Texte werden häufig mithilfe folgender Wörter organisiert: zunächst; hierauf; danach; und; dann; nachdem; als usw. Bei Beschreibungen wie z. B. Weg-, Bild- oder Gegenstandsbeschreibungen dominieren Wörter wie: neben; hinter; vor; über; oberhalb; unterhalb usw.

„Dieser Komplex von Teilfähigkeiten des Textverstehens hat bei jedem, der lesen kann, einen sehr unterschiedlichen Zuschnitt und Umfang. Er ist abhängig vom jeweiligen Entwicklungsstand des einzelnen, ist unterschiedlich von Individuum zu Individuum und variiert außerdem je nach Lesesituation. Vom ersten Sinnerfassen eines gesprochenen oder geschriebenen Wortes bis zur höchsten Kunst der Interpretation eines umfangreichen Textes müssen neue Teilfähigkeiten und ihre Verknüpfung mit den bereits beherrschten gelernt werden." (Grzesik 1990: 9f.) Es wird deutlich, dass es aufgrund der Komplexität von Texten auch kein allgemeingültiges Rezept für den Umgang mit ihnen gibt. Dennoch können Schüler durch die Rezeption und Produktion unterschiedlicher Textsorten Schritt für Schritt Wissen über die Makrostrukturen von Texten erwerben, die den Zugang zum jeweiligen Text erleichtern. Arbeitsaufträge zur Texterfassung können sein:

- gründliches Lesen
- das Formulieren von Fragen an den Text
- das Klären und Ermitteln unbekannter und/oder unklarer Wörter durch Bedeutungserschließung anhand des Kontextes oder Nachschlagen im Wörterbuch
- das Erschließen bzw. „Zerlegen" komplexer Satzgebilde
- die Wiedergabe von Inhalten mit eigenen Worten
- das Erschließen von Textabschnitten
- die Ermittlung von Beziehungen einzelner Textabschnitte / des Textaufbaus
- das Herausstellen zentraler Aussagen

Diverse Übungen zur Arbeit mit unterschiedlichen Textsorten finden sich in *Das Textbau-Training. Systematische Übungen zu unterschiedlichen Textsorten* von K. Vogel (Persen Verlag 2015).

8.2 *Kopiervorlagen* „Texte verknüpfen“

Die „kleinen Wörter“ der Textverknüpfung

1. Was passt? Wähle die richtigen Wörter aus und schreibe sie in die Lücken. Die falschen kannst du durchstreichen.

Plastiktüten im Meer

Plastiktüten sind leicht und ziemlich praktisch. Doch ____________ *(er / sie / es)* sind schlecht für _______ *(der / eure / unsere)* Umwelt. Gelangen _______ *(es / er / sie)* zum Beispiel ins Meer, können ____________ *(hier / dort / darüber)* zum Beispiel Schildkröten ______________ *(der / die / das)* Tüten fressen und ______________ *(dadurch / dazu / darüber)* krank werden und sterben.

Wenn wir Fische essen, _________ *(der / die / das)* Plastikteilchen in _________ *(unserem / seinem / ihren)* Körpern tragen, gelangt das Plastik auch in _________ *(seinen / unsere / ihren)* Körper. Auch _________ *(wir / ihr / sie)* können _________ *(damit / dazu / davon)* krank werden.

Wir helfen ___________ *(euch / ihnen / uns)* also selbst, wenn ___________ *(sie / ihr / wir)* auf Plastiktüten verzichten.

2. Worum geht es im Text? Fasse die wichtigsten Informationen in zwei Sätzen zusammen.

____

____

____

Textverknüpfungen erklären

Der Pfau und die Dohle

Ein Pfau und eine Dohle stritten sich über *ihre (a)* Federkleider. Der Pfau stellte heraus, dass *sein (b)* Federkleid etwas ganz Besonderes sei. *Er (c)* brüstete sich mit der Farbe seiner Federn, ihrer Größe und ihrem Glanz. Die Dohle gab *dieses (d)* alles zu und meinte nur, dass all *dies (e)* für das Wichtigste unwichtig ist – zum Fliegen. *Sie (f)* flog auf und neidisch blickte *ihr (g)* der Pfau nach.

Die Fabel zeigt *uns (h)*, dass man auf Äußerlichkeiten nicht stolz sein soll.[1]

Fürwörter stehen in Texten oft für Namenwörter. Wer oder was ist mit den *kursiven* Wörtern gemeint?

a) *„ihre“* meint hier: ______________________________

b) *„sein“* meint hier: ______________________________

c) *„Er“* meint hier: ______________________________

d) *„dieses“* meint hier: ______________________________

e) *„dies“* meint hier: ______________________________

f) *„Sie“* meint hier: ______________________________

g) *„ihr“* meint hier: ______________________________

h) *„uns“* meint hier: ______________________________

[1] Es handelt sich um eine Tierfabel nach Aesop (griechischer Dichter der Antike), die an dieser Stelle für das Thema „Textverknüpfungen“ frei nacherzählt wird.

8.3 Häufige Strukturelemente

Da sich berichtende, beschreibende oder erzählende Elemente in vielen Textsorten, vor allem in literarischen Texten finden, fordert und fördert die gezielte Beschäftigung mit den Strukturelementen von Bericht, Beschreibung und Erzählung die allgemeine Textkompetenz der Schüler. Textbeispiele und Übungen, die einzelne Aspekte herausstellen, unterstützen zum einen das analytische Denken, zum anderen vermitteln sie Handwerkszeug für adäquate Textproduktionen.

Berichte sind sachliche Texte, in denen über vergangene Ereignisse informiert wird. Die Zeitform, in der sie abgefasst werden, ist daher das Präteritum. Angaben über Zeit, Ort, Personen und den Ablauf des Geschehens können sich an den Schlüsselfragen bzw. W-Fragen orientieren: *Wer? Was? Wann? Wo? Wie? Warum?* Der Textproduzent richtet die Reihenfolge der Antworten auf die W-Fragen jedoch nach der von ihm empfundenen Wichtigkeit.

Bei der Beschreibung von Gegenständen, Tieren, Personen oder Vorgängen entwirft der Textproduzent nach der genauen Betrachtung des Objekts bzw. des Vorgangs einen Plan für den Aufbau seines Textes. Es kann von der Gesamterscheinung ausgegangen werden, gefolgt von Beschreibungen von Einzelheiten und/oder besonderen Kennzeichen. Möglich ist es aber auch, eine wichtige Einzelheit oder ein besonderes Kennzeichen als Einstieg für eine Beschreibung zu wählen. Treffende Benennungen, genau kennzeichnende Adjektive und Verben sowie Vergleiche sind wichtige Elemente des Schreibstils. Die Zeitform ist i. d. R. das Präsens.

In Erzählungen geht es wiederum um erlebtes oder erfundenes Geschehen. Es wird so dargestellt, dass Zuhörer oder Leser das Erzählte interessiert und sie es miterleben können. In der Einleitung wird der Textrezipient zum Geschehen hingeführt. Dabei werden Interesse und Spannung aufgebaut. Der Hauptteil mit dem Höhepunkt sollte besonders ausführlich und spannend gestaltet sein. Stilistische Elemente sind hier wörtliche Rede, Ausrufe und Ausführungen zu Gedanken und Gefühlen der handelnden Personen. Mit treffenden Verben und Adjektiven soll das Geschehen möglichst anschaulich und erlebbar gemacht werden. Im Schlussteil wird sodann das Geschehen abgerundet. Die Erzählung steht meist im Präteritum, wobei zur Steigerung der Spannung am Höhepunkt kurz ins Präsens gewechselt werden kann.

8.4 *Kopiervorlagen* „Bericht – Beschreibung – Erzählung“

Formulieren von W-Fragen zu einem Bericht

Schlange mit zwei Köpfen

Der Direktor des Lindauer Reptilienzoos verkündete eine besondere Neuigkeit. Eine zweiköpfige Schlange ist vor wenigen Wochen in seinem Zoo geboren worden. Sie wird vom 10. Juli an den Besuchern gezeigt.

Fehlbildungen bei Schlangen kommen immer wieder vor. Es sind Defekte im Erbgut der Tiere. Jeder der beiden Köpfe verfügt über eine durchgehend eigene Luft- und Speiseröhre. Allerdings hat diese Schlange doppelt so viele Giftzähne wie eine normale Schlange.

Wer? – Was? – Wann? – Wo? – Wie? – Warum?

Der Textschreiber hatte die W-Fragen für das Schreiben von Berichten im Kopf. Schreibe passende W-Fragen zu dem Zeitungsbericht.

Wer teilte die „besondere Neuigkeit“ mit?

Was ____________________

____

Wann ____________________

____

Wo ____________________

____

Wie ____________________

____

Warum ____________________

____

Elemente einer Beschreibung

Diese Figur ist bei Kindern so beliebt wie das Sams. Es ist ein kleiner Junge mit gelben Lederstiefeln und einer schilfgrünen Jacke. Seine Beinchen stecken in einer braunen Hose aus Fischschuppen. Auf seinem runden Kopf mit grünen Haaren leuchtet eine knallrote Zipfelmütze. Zwischen den Fingern hat dieses Wesen Schwimmhäute, denn es lebt mit seinen Eltern am Grunde des Mühlenweihers. Doch will der kleine Junge die Welt kennenlernen und blickt bei seinen Abenteuern immer wieder neugierig mit seinen grünen Augen über den Mühlenweiher hinaus. Dort erlebt er seltsame und überraschende Dinge. Wie heißt dieses Wesen?

1. Der Schriftsteller Otfried Preußler hat die Figur erfunden. Schreibe kurze Antworten zu den Fragen.

a) Wie sieht die Figur aus? ______________________________

____

b) Welche Einzelheiten siehst du? ______________________________

____

c) Was ist besonders auffällig? ______________________________

____

2. Unterstreiche die Eigenschaftswörter im Text.

3. Die Beliebtheit der Figur wird mit einer anderen Figur verglichen.

a) Mit welcher Figur wird sie verglichen? ______________________________

b) Suche im Internet ein Bild dieser anderen Figur und beschreibe sie.

____

____

Elemente einer Erzählung

Katze gerettet

Ein neunjähriger Junge vergaß am Morgen, die Wohnungstür im dritten Stock zu schließen. So entwischte die kleine Katze der Familie, lief in den Hof und kletterte bis in die Spitze einer Kastanie. Dort miaute sie jämmerlich und traute sich nicht mehr herunter. Der Junge und einige Schaulustige versammelten sich unter dem Baum und bedauerten das Tier. Ein Hausbewohner rief die Feuerwehr, welche die Drehleiter ausfuhr und die verschreckte Katze rettete. Dankbar nahm sie der Junge wieder in die Arme.

Pedro, der ungeschickte Junge, will über dieses Erlebnis für seine Klasse eine spannende Erzählung schreiben. Er überlegt:

1. **Die Einleitung soll hinführen und Interesse wecken.**
   Unterstreiche mit einem roten Farbstift, was in die Einleitung gehört.

2. **Der Hauptteil soll besonders ausführlich und spannend gestaltet werden.**
   a) Schreibe Gedanken auf, die Pedro bei diesem Erlebnis hatte.

   ___

   ___

   b) Wie fühlte sich Pedro? Schreibe auf.

   ___

   ___

   c) Was sagte Pedro? Was die Hausbewohner? Was der Feuerwehrmann?

   ___

   ___

3. **Der Schluss soll die Geschichte abrunden.**
   Unterstreiche mit einem grünen Farbstift, was in den Schluss gehört.

8.5 Fachtexte verstehen und schreiben lernen

Fachtexte sind informative Texte zu unterschiedlichen Sachthemen wie bspw. Sportarten, Technik, Gesundheit, Umweltschutz usw. Schüler begegnen dieser Textsorte vor allem in Sachfächern. Die Texte sind jeweils an Fachgebiete gebunden, haben eine klare Zielinformation, einen sachlogischen Aufbau und eine sachgerechte, erklärende und verdeutlichende Sprache. In Probearbeiten in den Sachfächern müssen Schüler häufig kurze Sachtexte produzieren. Sie müssen z. B. schriftlich erklären, begründen und beschreiben. Fachwörter (gebildet aus Wörtern der Alltagssprache, wie z. B. die „Baumschicht") und Fachtermini (wie z. B. „Verdauung") sollen dabei verwendet werden. Auch die fachadäquaten syntaktischen Strukturen (z. B. Passivkonstruktionen) werden erwartet.

Von Lehrkräften erfordert dies, dass sie sich bei ihrer Sprachverwendung und bei den im Unterricht eingesetzten Texten der besonderen sprachlichen Hürden ihres Faches bewusst sind. Die folgende Tabelle (vgl. Weis 2013: 40 f.) kann Lehrkräften jeder Schulform und Klassenstufe dazu dienen, für den Unterricht vorgesehene Fachtexte zu analysieren, eine sprachliche Vorentlastung vorzunehmen und/oder entsprechende allgemein- und fachsprachliche Hilfestellungen zum Text zu geben.

Fachsprachliche Merkmale	
Nominalisierungen	das Kirschenessen die Angegriffenen
Komposita	der Stuhlkreis die Antriebskraft
Fremdwörter	das Reptil das Oxid
Interferenzen Umgangs-/Fachsprache	abziehen die Wurzel der Zylinder
Wortbildungen mit und aus Eigennamen	der Ottomotor röntgen
Fachspezifische Abkürzungen	n. Chr. pH-Wert
Ungewöhnliche Adjektive	erneuerbar sauerstoffarm

Fachsprachliche Merkmale	
Verben mit komplexen Bedeutungsstrukturen	verkraften entkräften
Nominalisierte Verben und Adjektive	das Abwandern aus den Dörfern die Verschönerung von …
Genitivattribute	Es bedarf einer Neuregelung.
Präpositionalattribute	über eine Entdeckung berichten an die Umwelt denken
Erweiterte Nominalphrasen	nach der theoretischen Einführung
Verschachtelte Sätze wie • Konditionalsätze • Finalsätze • Relativsätze	Satzadverbien und Konjunktionen wie: dazu, dadurch, dabei, dort, jedoch, aber, wenn … (dann), je mehr, umso mehr …
Unpersönliche Ausdrucksweisen (man, es)	Wenn man …, Man nimmt dazu … Es kann beobachtet werden, …
Passivkonstruktionen	Eisen wird von einem Magneten angezogen. … kann berechnet werden mit …

8.6 Zum Lesen verlocken

Fabel, Märchen und Schwank haben ihre Wurzeln in der mündlichen Erzähltradition und Fabulierfreude der Völker und einen besonderen Stellenwert in allen Kulturen. Eine Fabel ist eine kurz gefasste Erzählung, die eine allgemeingültige Wahrheit zum Gegenstand hat. Im Mittelpunkt der Handlung stehen oft Tiere, denen menschliche Eigenschaften zugeordnet werden. Die Absicht der Belehrung ist bei Fabeln besonders deutlich, was sich häufig durch die hinzugefügte Moralsentenz ausdrückt. Bei Märchen ist die Handlung meist weder zeitlich noch örtlich festgelegt. Fantastische Elemente, Zaubereien, Riesen, Zwerge oder Fabeltiere (Einhorn) sind wie selbstverständlich in das Geschehen einbezogen. „Alles Seelische ist nach außen verlegt, ist Handlung geworden oder Gegenstand, und dadurch scharf und eindrücklich sichtbar. Nichts bleibt unbestimmt und hintergründig." (Lüthi 1978: 30) Starre Formeln („Es war einmal …"), Zahlenmystik (Dreiheit, Sieben, Zwölf) und die Wiederholung von Sätzen und Sprüchen unterstreichen die Irrealität von Märchen.

Der Schwank erzählt oft von einer bekannten literarischen Figur wie beispielsweise Till Eulenspiegel, den Schildbürgern oder Nasreddin. In geradlinigem Erzählstil werden scherzhafte, komische Begebenheiten und Possen pointiert mitgeteilt. Aktuelle Kurzprosa und Werke der Kinder- und Jugendliteratur sind weitere Bereiche, die es gerade Zweitsprachlernern leicht machen, einen Zugang zu literarischen Texten in deutscher Sprache zu finden. Diese Texte sind meist dadurch gekennzeichnet, dass relativ wenige Figuren auftauchen und der Leser in eine ihm relativ leicht zugängliche Situation eintaucht, in der meist ein Thema zügig und pointiert behandelt wird. Der Anspruch an den Leser ist häufig nicht allzu hoch. Die Themen sind in der Gegenwart und der Lebens- und Vorstellungswelt der Kinder angesiedelt. Trotz großer formaler Vielfalt sind die Geschichten meist überschaubar und einfach strukturiert.

Das unterrichtliche Ziel der Arbeit mit diesen Texten sollte das Wecken und Fördern der Lesefreude sein. Eine überzogene „Verschulung“ wäre daher nicht zielführend. Die Schüler sollen durch diese Text dazu angeregt werden, auch in ihrer Freizeit zum Buch zu greifen. Lesen lernt man nur, indem man liest! Und wem das Lesen ein Bedürfnis geworden ist, der erweitert seine Textkompetenz automatisch. Das Beispiel einer Lehrkraft, die ihre Freude an Literatur z. B. durch gekonntes und regelmäßiges Vorlesen vermittelt, kann hier für manche Schüler einen Weg zum Lesen literarischer Texte eröffnen. Grundlegend gilt: 1. Vorgelesene Geschichten regen die Hörer zu Fragen und Gesprächen über das Gehörte an. Für diese sollte nach dem Vorlesen Zeit vorgesehen werden. 2. Beim Vorlesen taucht der Zuhörer in Wortschatz und Syntax der geschriebenen Sprache ein. Dadurch wird die Grundlage für eigenes Lesen gelegt. 3. Der Zuhörer lernt, dass gedruckte Texte eine Welt eröffnen, die „Nichtlesern“ verschlossen bleibt. 4. Ein kompetenter Vorleser liest nicht immer wortwörtlich, sondern gibt Übergangspassagen, Redewendungen usw. in freier Rede wieder. 5. Ein kompetenter Vorleser schmückt aus, erläutert, erinnert und schafft so einen direkten Bezug zu den Zuhörern. 6. Zu Beginn sollte der Vorleser bei den Zuhörern für Ruhe, Konzentration und eine gelassene „Aufnahme“-Stimmung sorgen. 7. Der Blickkontakt zu den Hörern ist von entscheidender Bedeutung (vgl. Gärtner 1994: 8 ff.).

In einem handlungs- und produktionsorientierten Literaturunterricht fördern zudem eigenständige Schreibversuche über das analytische Bewusstsein hinaus ein ganzheitliches Erfassen der Texte. Durch die Nach- und Umgestaltung wird die Aufmerksamkeit auf Bauformen und stilistische Gattungsmerkmale der literarischen Textsorten gelenkt. Die strukturelle Einfachheit der Texte und ihre Bedeutungsoffenheit ermöglichen es, die Schüler an Grundformen literarischen Erzählens heranzuführen.

8.7 *Kopiervorlagen* „Fabel und Schwank“

Eine Fabel ausgestalten

Die Schildkröte und der Hase

Hase trifft Schildkröte / Hase spottet über Beine / Schildkröte schlägt Wettlauf vor / Startpunkt und Ziel werden festgelegt / Wettlauf

Lehre: Die Fabel zeigt, dass man oft mit Anstrengung eine ungünstige Eigenschaft ausgleichen kann.

1. **Wie könnte der Wettlauf enden? Überlege dir einen Schluss, der zur Lehre der Fabel passt. Notiere Stichpunkte.**

____

____

____

2. **Schreibe deine Fabel auf.**

____

____

____

____

____

____

____

____

3. **Lies deinem Mitschüler deine Fabel vor. Gebt euch Tipps zur Verbesserung eurer Geschichten.**

Die Ausgangslage für einen Nasreddin-Schwank erfinden

Nasreddin der Sonderling wollte seinen Esel dem Nachbarn nicht ausleihen und sagte: „Meine Frau ist mit dem Esel zur Mühle gegangen. Sie braucht Mehl zum Backen."

In diesem Moment begann im Stall der Esel laut zu schreien. Der Nachbar war verwundert. „Du hast soeben gesagt, der Esel ist nicht da. Ich höre ihn doch laut schreien." Nasreddin lächelte und antwortete dann: „Glaubst du mir, oder glaubst du einem Esel?"

1. Was könnte vor dem Ende passiert sein? Notiere Stichpunkte.

____

____

____

____

2. Schreibe nun die gesamte Geschichte von Nasreddin dem Sonderling.

____

____

____

____

____

____

____

____

3. Erfinde eine passende Überschrift für die Geschichte.

____

Literaturverzeichnis

BAMF: „Migrationsberichte", http://www.bamf.de/DE/DasBAMF/Forschung/Ergebnisse/Migrationsberichte/migrationsberichte-node.html [zuletzt aufgerufen am 10.04.2017]

BAMF: „Migrationsbericht 2015", http://www.bamf.de/SharedDocs/Anlagen/DE/Publikationen/Migrationsberichte/migrationsbericht-2015.html [zuletzt aufgerufen am 10.04.2017]

Eisenberg, P. / Linke, A. (1996): Wörter. In: Praxis Deutsch 139.

Feilke, H. (2012): Bildungssprachliche Kompetenzen – fördern und entwickeln. In: Praxis Deutsch 233.

Gärtner, H. (1994): Grundlegung einer Vorlesekultur. In: Grundschulmagazin 1/94.

Grzesik, J. (1990): Textverstehen lernen und lehren. Stuttgart: Klett.

Heinemann, W. / Viehweger, D. (1991): Textlinguistik. Eine Einführung. Tübingen: Niemeyer.

Klann-Delius, G. (2008): Spracherwerb, 2. Aufl. Stuttgart: Metzler.

Kniffka, G. / Siebert-Ott, G. (2009): Deutsch als Zweitsprache. Lehren und lernen, 2. Aufl. Paderborn: Schöningh.

Krishnamurti, J. (2007): Einbruch in die Freiheit, 30. Aufl. München: Ullstein.

Lüthi, M. (1978): Das europäische Volksmärchen, 6. Aufl. Bern: UTB.

Spitta, G. (1992): Schreibkonferenzen in Klasse 3 und 4. Berlin: Cornelsen.

Vogel, K. (2013): Das Satzbau-Training. Kleine Geschichten mit systematischen Übungen. Hamburg: Persen.

Vogel, K. (2014): Das Wortschatz-Training. Kleine Geschichten mit systematischen Übungen. Hamburg: Persen.

Vogel, K. (2015): Das Textbau-Training. Systematische Übungen zu unterschiedlichen Textsorten. Hamburg: Persen.

Weis, I. (2013): DaZ im Fachunterricht. Sprachbarrieren überwinden – Schüler erreichen und fördern. Mühlheim: Verlag an der Ruhr.

Weisgerber, L. (1951): Das Tor zur Muttersprache. In. Pädagogische Rundschau 3. Sonderdruck Düsseldorf.

Weiterführende Literatur

Ahrenholz / Apeltauer (Hrsg.) (2006): Zweitspracherwerb und curriculare Dimensionen. Tübingen: Stauffenburg.

Colombo-Scheffold, S. / Fenn, P. / Jeuk, S./ Schäfer, J. (Hrsg.) (2010): Ausländisch für Deutsche. Sprachen der Kinder – Sprachen im Klassenzimmer. Freiburg: Fillibach.

Landoldt, M. A. / Hensel, T. (2012): Traumatherapie bei Kindern und Jugendlichen, 2. Aufl. Göttingen: Hogrefe.

Lanfranchi, A. / Steppacher, J. (Hrsg.) (2011): Schulische Integration gelingt: Gute Praxis wahrnehmen, Neues entwickeln. Bad Heilbrunn: Klinkhardt.

Leisen, J. (2015): Handbuch Sprachförderung im Fach. Sprachsensibler Fachunterricht in der Praxis. Stuttgart: Klett.

Lengyel, D. / Reich, H.-H. / Roth, H.-J. / Döll, M. (Hrsg.) (2009): Von der Sprachdiagnose zur Sprachförderung. Münster: Waxmann.

Martschinke, S. / Kirschhock, E.-M. / Frank, A. (2001): Der Rundgang durch Hörhausen. Das Nürnberger Erhebungsverfahren zur phonologischen Bewusstheit. Donauwörth: Auer.

Nuber, U. (2016): Eigensinn. Die starke Strategie gegen Burn-out und Depression – für ein selbstbestimmtes Leben. Frankfurt a. M.: Fischer Verlag.

Ortheil, H.-J. (2012): Schreiben dicht am Leben. Notieren und Skizzieren. Berlin: Duden.

Peyer, A. (1998): Sätze. In: Praxis Deutsch 147.

Rico, G. L. (1984): Garantiert Schreiben lernen. Reinbek: Rowohlt.

Rosebrock, C. (2007): Neue kurze Prosa. In: Praxis Deutsch 206.

Tophinke, D. (2013): Kleine Wörter. In: Praxis Deutsch 238.

vom Scheidt, J. (1993): Kreatives Schreiben. Texte als Wege zu sich selbst und zu anderen. Frankfurt a. M.: Fischer.

Zitzelsperger, H. (2008): Vom Gehirn zur Schrift: Handbuch Anfangsunterricht. Baltmannsweiler: Schneider Verlag Hohengehren.